幼儿体适能基础教程

童理刚 童平 李萍 ◎ 主 编
励宁 胡艳 ◎ 副主编

内容简介

本书以《3~6岁儿童学习与发展指南》为主要参考依据，全书共分为八章。本书第一章为理论基础，主要介绍幼儿进行身体活动的意义、类型、运动负荷、特殊儿童身体活动计划指南，以及幼儿进行身体活动的环境需求、注意事项等。第二章至第八章为实践操作，以特定的运动游戏作为身体活动课程的载体，通过身体总动员、能量大爆发、动力回收站、家庭总动员、活动教学评价，为幼儿身体活动的指导提供一定的理论和实践参考。

本书的适用对象为学前教育专业师范生、幼儿园教师、幼儿体适能教练和家庭教育者。不同角色的幼儿教育实施者都有必要学习或继续学习幼儿体育教育的理论与实践内容，以更好地了解幼儿体育发展的趋势。

图书在版编目(CIP)数据

幼儿体适能基础教程/童理刚，童平，李萍主编.
北京：北京大学出版社，2025.6. --ISBN 978-7
-301-36396-6

Ⅰ.G613.7

中国国家版本馆CIP数据核字第2025XG4759号

书　　名	幼儿体适能基础教程
	YOUER TISHINENG JICHU JIAOCHENG
著作责任者	童理刚　童　平　李　萍　主编
策划编辑	桂　春
责任编辑	张玮琪
标准书号	ISBN 978-7-301-36396-6
出版发行	北京大学出版社
地　　址	北京市海淀区成府路205号　100871
网　　址	http://www.pup.cn　新浪微博：@北京大学出版社
电子邮箱	编辑部 zyjy@pup.cn　总编室 zpup@pup.cn
电　　话	邮购部 010-62752015　发行部 010-62750672　编辑部 010-62754934
印 刷 者	三河市北燕印装有限公司
经 销 者	新华书店
	787毫米×1092毫米　16开本　13.75印张　280千字
	2025年6月第1版　2025年6月第1次印刷
定　　价	58.00元

未经许可，不得以任何方式复制或抄袭本书之部分或全部内容。
版权所有，侵权必究
举报电话：010-62752024　电子邮箱：fd@pup.cn
图书如有印装质量问题，请与出版部联系，电话：010-62756370

编 委 会

顾　问：李永清

主　编：童理刚　童　平　李　萍

副主编：励　宁　胡　艳

编　委：（按照姓氏笔画排名）

　　　　华晗妤　许润洋　李　萍　李永清
　　　　杨　晨　吴雨欣　陈　沁　周瑞豪
　　　　徐佳怡　黄　奕　韩舒语　童　平
　　　　童理刚

组　编：宁波市幼儿体育协会

插　图：（按照姓氏笔画排名）

　　　　庄　澜　傅溪月

拍　摄：（按照姓氏笔画排名）

　　　　王　荟　王露瑶　李易芸　吴昱熤
　　　　吴俊海　张星丹　张韶涵　金梦蕾
　　　　洪荟洁　顾文妍

前言

当前，社会经济的迅速增长、物质生活水平的显著提升、生活方式的极大改变，给人们的生活带来了较多便利，但也使人类的健康受到了一定程度的威胁。身体活动的缺失已成为威胁人类健康的主要因素，久坐会对人类健康产生潜在影响，增加慢性疾病的发病风险。更为严峻的是，身体活动的缺失已开始逐渐侵蚀儿童和青少年的健康。缺乏身体活动的坏处不仅体现在生理和心理层面，还体现在动作发展和身体素质上，例如动作发展迟缓，身体柔韧性、协调性和平衡能力下降等。这些都直接影响儿童和青少年的日常生活和生长发育的质量。"缺乏运动"比"儿童肥胖""儿童近视"等似乎更能恰当地概括当前我们所面临的危机。

对于幼儿来说，适当的身体活动能够促进骨骼和肌肉的生长和发育，有助于形成健康的体态和体格。同时，幼儿的心血管系统和呼吸器官的功能也能通过适当的身体活动得到更好的发展，进而提高他们成年后在从事体力与脑力劳动时的耐疲劳性。除此之外，适当的身体活动还会对幼儿的心理和社交发展产生良好的影响，一方面有助于提高幼儿的自信心和情绪稳定性，另一方面促使幼儿更好地融入集体或参加团队活动，从而促进其社交能力的提高和人际关系的良好发展。

体育强则中国强，国运兴则体育兴。幼儿体育教育的发展质量关乎国家的未来和民族的希望。《3～6岁儿童学习与发展指南》中指出，发育良好的身体、愉快的情绪、强健的体质、协调的动作、良好的生活习惯和基本生活能力是儿童身心健康的重要标志，也是儿童在其他领域学习与发展的基础。习近平总书记高度关注儿童和青少年体育运动的普及发展，在不同场合多次勉励儿童要积极投入到体育锻炼中。习近平总书记提出："新时代中国儿童应该是有志向、有梦想，爱学习、爱劳动，懂感恩、懂友善，敢创新、敢奋斗，德智体美劳全面发展的好儿童。"习近平总书记指出，体育锻炼是增强少年儿

童体质最有效的手段。习近平总书记这份最温柔的牵挂折射出体育锻炼要从娃娃抓起的必要性和重要性。

本书的内容介绍

本书根据幼儿的身心发育特点与规律,在借鉴前人研究的基础上设计了身体活动课程。本书第二章至第八章的内容均包括五个部分:身体总动员、能量大爆发、动力回收站、家庭总动员和活动教学评价。

一、身体总动员

本书中的"身体总动员"部分即热身活动,设置的目的是让幼儿的心脏、肌肉和关节为接下来的主要活动做好准备。第一步,先让肌肉暖起来,提高体温并增加血液循环,如先让幼儿进行一定时间的快速行走。肌肉温度一旦升高,就可以选择进行主要肌肉的动态拉伸。热身活动之后,再通过低水平的大肌肉活动慢慢进入主题。

二、能量大爆发

本书中的"能量大爆发"部分即主要的身体活动,主要通过游戏或技能展开。有必要的话,可以根据幼儿的个体喜好和身体需要来调整主要活动。活动主要集中于"以发展基本动作技能为主的游戏"和"以发展重要身体素质为主的游戏"。这一部分不仅体现了幼儿游戏应有的自然性、情境性、生活性和科学性的特点,还体现了幼儿游戏的包容性和良性竞争的特点。包容性体现在:运动游戏的参与范围应包括班里所有的幼儿,教师可以适当地修改游戏规则、器材或过程,确保每名幼儿都是能够获得成功的积极参与者。良性竞争体现在:不过分强调获得成功的团队或个人,引导幼儿注重学习技能和享受游戏过程,通过团队合作以及在游戏过程中的互帮互助教导幼儿掌握公平公正的体育精神。

三、动力回收站

本书中的"动力回收站"部分即整理放松活动,通过整理放松活动逐渐减慢幼儿活动的速度和强度。如果幼儿在高度活跃的状态下突然停止活动,血液将会积聚在肌肉中,可能会导致头晕或恶心等不适感。通过保持轻量的身体活动,使血液逐渐流向心脏，从而使身体得到有效恢复。

四、家庭总动员

本书中的"家庭总动员"部分即家庭体育作业，通过家长的参与实现家园联动，为幼儿创造更多参与身体活动和运动学习的机会。家长的参与，对于提高幼儿的运动兴趣和建立运动习惯发挥着不可替代的作用。这一部分结合"动画时间到""绘本小世界"和"一起动一动"，从多感官、多途径、多角度出发，提高幼儿对动作的理解和学习能力。

五、活动教学评价

本书中的"活动教学评价"部分主要包括"幼儿评价"和"教师教学评价与反思"。幼儿评价的目的，其一是促进幼儿全面发展，了解幼儿个体差异；其二是帮助教师在评价和指导中发现和解决问题，优化教育教学；其三是记录幼儿的成长历程和动作发展轨迹，为幼儿的个性化发展提供数据支持和保障。当然，针对幼儿多采用正面强化的信息。

教学评价与反思是教育领域中的重要环节，旨在通过系统的评价和反思教学过程，发现教师教学中的不足，进而调整教学策略，在促进教师专业发展的同时，为学生提供更多优质的体育教育体验。在这一部分中，教师需要阐述清楚几个关键问题：活动目标是否达到了？教学组织方法是否合适？是否有效利用了教学资源？是否与学生进行了密切沟通？

本书活动内容的实践建议

1. 安全性

安全永远是幼儿进行身体活动的第一要求。场地器材的安全、组织形式的安全、活动内容的安全、幼儿身心发展的安全、应急预案的制定等都是需要高度重视的方面。此外，幼儿对安全知识的学习和掌握也是必要的，一定的自我保护能力是幼儿必备的基本能力之一。

2. 以结果为导向

尽管课程目标是设计活动内容的依据，但本书中的活动内容并不是固定且唯一

的。教师和家长可以在课程目标的引导下，根据幼儿的发育水平，灵活选择游戏的退阶内容、进阶内容，鼓励幼儿探索改变器材、改变活动环境、改变活动要求、改变活动内容。实践中需要把握的几点是：①要设计符合幼儿发育水平的活动，包括幼儿通过练习可以完成的挑战。幼儿只有感受到成功，才会有动力重复练习和完成后续挑战。②尽量避免或减少竞争。尽管教师在活动过程中为了调动幼儿的积极性和参与性经常会用"看看谁跳得更高""比比谁拿得最多"这样的表达，但教师要注意引导和鼓励幼儿多关注自身成长，看看自己有哪些进步。

3. 快乐性和创意性

幼儿在参与身体活动时氛围要轻松，要有玩具和互动，这样他们在心情愉快和享受课程的同时才会快速进入主题。例如：要发展孩子的上肢力量，可以利用"小小降落伞"的游戏制造出波浪。此外，要定期添加令幼儿感兴趣的新设备，开发和利用新的器材，包括制作彩色的运动图表、公告牌、海报等，保持幼儿参与身体活动的乐趣。

4. 家长参与性

当幼儿知道自己的家长对自己参与的身体活动感兴趣并能积极加入时，他们会感受到更多的支持与帮助，也会有更大的展示欲望。因此，家长的参与必不可少。教师要及时帮助家长了解幼儿身体活动的内容、类型、注意事项以及幼儿的表现和发展情况，清晰地布置课后体育作业，并监督幼儿完成课后体育作业。此外，教师和家长之间的互动与反馈也非常重要，双方应定期沟通、积极参与其中、共同关注幼儿的需求、合作解决突出问题。只有这样，才能真正为幼儿教育提供强有力的支持。

为深化中高职教育衔接与产教融合，本教材编写团队携手温州市瓯海职业中专集团学校展开协同创新。以中职课堂的技能训练案例、实训视频及学生培养痛点作为重要参考依据，为教材架构的搭建提供了实践导向与思路启发，助力教材中的理论知识更契合中职实践需求。这种"中高职联动"模式成效显著，既让教材内容更贴合技能型人才成长路径，也通过教学资源共建实现了课程体系的贯通优化。此次合作，为探索职业教育一体化教材建设提供了鲜活样本，有力地助力培养兼具扎实基础与实操能力的复合型人才，为职业教育发展注入新的活力。

本书的编写分工具体如下：童理刚（宁波幼儿师范高等专科学校），负责本书整体框架设计与统筹，以及编写本书的第二章、第三章、第四章、第五章、第六章；童平（宁波幼儿师范高等专科学校），负责编写本书的第七章、第八章；李萍（宁波大学体育学院），负责编写本书的第一章。

本书的撰写得到浙江省教育厅一般项目的资助，课题名称为：幼儿最佳体适能教学体系的构建研究（Y202249038)。同时，本书的撰写也得到宁波高新区培英幼儿园横向课题资助，课题名称：幼儿体适能课程建设研究（HXKY2024002）。课题以"健康中国2030"战略为指引，围绕如何依据幼儿动作发展理论设计体适能训练体系、如何将体适能训练理念适配幼儿园教学场景，以及如何通过体适能教育缓解幼儿肥胖、感统失调等健康隐患等问题展开研究。

本书在撰写过程中，得到了很多专家、幼儿园一线教师和家长朋友们的大力支持，在此感谢宁波市幼儿体育协会的支持，感谢宁波高新区培英幼儿园园长胡艳的宝贵意见和对参与视频拍摄的优秀学生的推荐。

由于编者水平有限，书中难免存在疏漏和不足之处，敬请各位专家、老师、读者朋友指导与批评，以促进本书再版的完善。

编者

2025年1月

目 录
CONTENTS

第一章　幼儿身体活动指南 \ 1

第一节　幼儿进行身体活动的重要性和必要性 \ 1

第二节　幼儿进行身体活动的指导理念 \ 4

第三节　幼儿进行身体活动的指导原则 \ 5

第四节　幼儿进行身体活动的类型 \ 19

第五节　幼儿进行身体活动的运动负荷 \ 21

第六节　幼儿进行身体活动的环境需求 \ 26

第七节　幼儿进行身体活动的注意事项 \ 27

第八节　幼儿进行身体运动负荷的监测与评估 \ 28

第二章　幼儿身体活动——爬行 \ 31

第一节　加速吧！乌龟 \ 31

第二节　爬行探险——动物王国之旅 \ 39

第三章　幼儿身体活动——行走 \ 49

第一节　扫雷小能手 \ 49

第二节　时光倒流 \ 58

第三节　翻山越岭 \ 66

第四节　小鸭快跑 \ 75

第四章　幼儿身体活动——奔跑 \ 83

　　第一节　小小运动员 \ 83

　　第二节　敏捷的豹子 \ 91

第五章　幼儿身体活动——跳跃 \ 99

　　第一节　摘星星 \ 99

　　第二节　勇敢小伞兵 \ 107

　　第三节　跳跳糖 \ 116

　　第四节　石头剪刀布 \ 125

第六章　幼儿身体活动——投掷 \ 135

　　第一节　快乐的大炮 \ 135

　　第二节　空中的海洋球 \ 143

　　第三节　精准的投掷手 \ 152

第七章　幼儿身体活动——姿势控制 \ 159

　　第一节　点球大战 \ 159

　　第二节　翻滚吧！甜筒 \ 167

　　第三节　飞夺泸定桥 \ 174

第八章　幼儿身体活动——体态拉伸 \ 183

　　第一节　柔软的毛毛虫 \ 183

　　第二节　摇摆的海草 \ 191

附录　参考赛道 \ 199

参考文献 \ 205

第一章 幼儿身体活动指南

第一节 幼儿进行身体活动的重要性和必要性

幼儿，一般指 3～6 岁的学龄前儿童。对于人类而言，身体活动是最直接、最有效的活动方式。幼儿长期进行科学有效的身体活动不仅有助于促进身体健康，而且对其身心发展也有着广泛而深刻的影响。

当前，随着科技水平的不断提高，电子产品快速迭代，幼儿对电子产品的使用越来越多，身体活动越来越少，这也导致越来越多的幼儿体质健康发展呈现不容乐观的局面。久坐和久躺的不良生活习惯会引起一系列的不良反应（如免疫功能下降，患心血管疾病、糖尿病、代谢综合征等），会对幼儿的身心健康发展产生严重且长久的影响。21 世纪以来的国民体质监测结果表明，我国幼儿已呈现高身材、低体质的特征和趋势，高肥胖率、高戴眼镜率和低体质水平已成为危害幼儿身体健康的"三座大山"。德国著名学者齐默尔（Simmel）曾提出，缺乏足够的运动量是当代儿童普遍存在的问题。儿童缺乏通过身体与各感官直接体验的运动经历，导致其与外界环境的互动频率降低，这些在阻碍儿童体质健康发展的同时，也使儿童心理方面的疾病不断增多。数据显示，体重超标或过度肥胖的儿童，其中 70%～80% 在成年后将出现体重问题。而肥胖症会增加患癌症、冠状动脉性心脏病、2 型糖尿病、高血压、高胆固醇血症等疾病的概率。这些证据表明，幼儿体质的提升迫在眉睫，提升幼儿体质健康的行动势在必行。

一项针对我国青少年的研究显示，学生在校时，每天只进行20分钟左右的身体活动，其中90%以上的学生在校外不再参与其他体育活动。这样少的身体活动量是非常危险的，尤其是对低龄学生来说。生命早期不活跃、不积极的生活方式会对孩子产生多方面的负面影响，并形成恶性循环。身体活动不足的不良循环如图1.1所示。

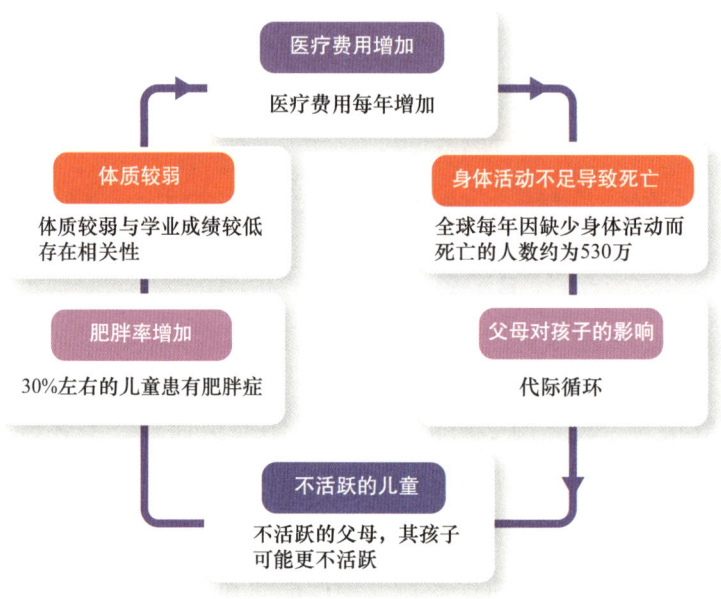

图 1.1　身体活动不足的不良循环

相反，经常参加运动的孩子身体更健康，表现得更为自信。适当的身体活动对儿童的生长发育、肥胖预防、心肺功能提升、骨密度增加、心理健康促进、近视预防以及学业能力提高等方面都会产生积极的影响。更为可贵的是，当运动成为一种爱好和习惯，孩子长大之后会成为更为活跃和积极的成年人，进而影响其下一代对生活方式的选择。众所周知，"运动是良医"，运动能降低疾病发生概率、提高免疫力的证据不在少数。但是在幼儿阶段这一生命周期的黄金期，让儿童积极参与身体活动才是至关重要的，这会影响其整个生命周期的生活质量。身体活动充足的良性循环如图1.2所示。

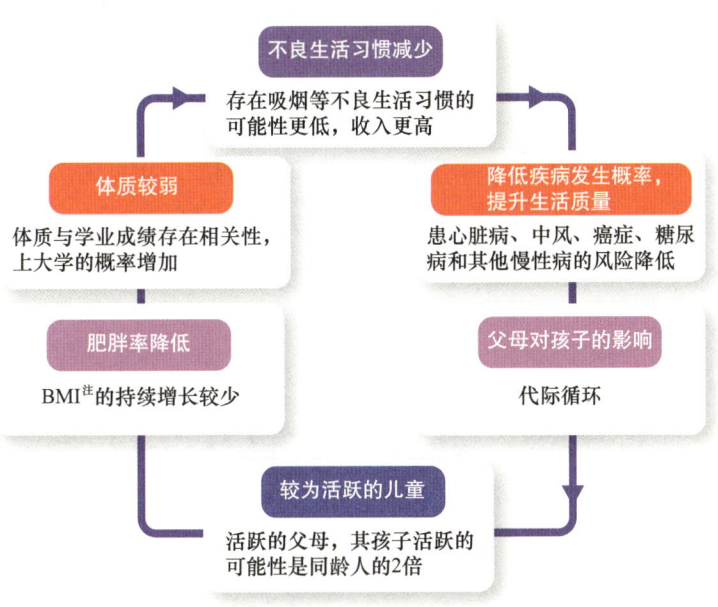

注：BMI（Body Mass Index），即身体质量指数。

图 1.2　身体活动充足的良性循环

个人早期的身体活动水平与其一生的健康状态密切相关。早期阶段的身体活动是促进个体生长发育最直接的刺激要素，身体活动的刺激也会促进神经系统的发育。此外，经常进行身体活动使得幼儿有更多的机会接触外界环境，这为幼儿身体的适应能力和免疫能力的发展奠定了良好的基础。同时，身体活动也是促进幼儿社交能力发展的有效途径。通过一系列的游戏，幼儿可以发展团队协作能力、领导能力、情绪控制能力和挫折承受能力。"体育是最好的抗挫折教育"，这一教育价值是其他学科替代不了的。最重要的是，个体早期的身体活动能促进其动作的健康发展，有利于其基本动作技能的习得。幼儿对身体活动的高参与度为其带来了更多的运动体验，为其基本运动技能的建立与存储提供了条件，也为将来幼儿学习复杂的运动技能奠定了较好的基础。孩子往往愿意在其表现得更得心应手、更有自信的运动项目中投入时间参与，这种参与习惯会延续到成年并终身保持。

国务院批转教育部《面向21世纪教育振兴行动计划》指出，要用科学的方法启迪和开发幼儿的智力，培养幼儿健康的体质、良好的生活习惯、活泼开朗的性格与求知的欲望。在"健康中国""体育强国"的大背景下，相关部门积极参与促进幼儿加强身体活动的工作，《学龄前儿童（3～6岁）运动指南》于2018年正式发布，这标志着我国幼儿身体活动促进事业的进步，同时它也为幼儿的家庭体育教育、学校体育教育和社区体育教育提供了较为全面、系统和科学的指导。本书在前期研究成果的基础上，结合浙江省地域特色，借鉴浙江省体适能示范园的成功案例，以体育游戏为载体，对幼儿阶段的体育教育活动进行多方面、多角度的构建，为家庭、幼儿园、社会构建联动桥梁，形成"让孩子动起来"的共识，树立终身体育锻炼的理念，注重运动习惯的养成，促进幼儿群体身心全面发展。

第二节 幼儿进行身体活动的指导理念

在规划幼儿身体活动计划的过程中，加拿大推出了《加拿大儿童早期24小时运动指南（0~4岁）》，美国制定了一份针对低龄儿童运动的文件——《0~5岁儿童身体活动指南》，我国也相继推出了《学龄前儿童（3~6岁）运动指南》《幼儿运动游戏课程》等优质指导丛书。对于面向幼儿进行的身体活动计划和指导，各国普遍的共识有以下几个方面。

（1）让所有的幼儿都能参与身体活动。

（2）激发幼儿参与身体活动的热情。不同于成年人，幼儿参与身体活动是玩耍和获得乐趣的需要：一方面是因为他们需要与同伴交流，另一方面是希望发展身体能力，并通过各种活动形式表达自己。

（3）幼儿每天的身体活动时间应累计达到180分钟，可进行有氧运动（如跑步、跳绳、单脚跳、跳舞、骑行、游泳、球类运动等），加强肌肉力量的运动（如跳绳、拔河、投掷沙包等），加强骨骼力量的运动（如跳绳、跑步、跳方格、跳体操等）。

（4）幼儿每天除睡觉之外，久坐的时间不得超过60分钟。

（5）鼓励幼儿掌握基本运动技能，为今后提高运动能力和进行体育活动打下坚实基础。

（6）重视幼儿身体健康领域与其他领域教育的有机结合和互相渗透，关注幼儿学习和发展的整体性。

（7）积极为幼儿提供室内和室外活动场所，活动场所应满足发展孩子粗大动作活动的需求。

（8）家长、幼儿园教师、社区体育指导人员有责任了解幼儿身体活动的重要性，应共同努力为幼儿提供进行身体活动的机会，延长幼儿在身体活动和保持健康方面所花的时间，以完成幼儿的全面体育教育目标。

（9）让良好的健康习惯变得有趣，积极的运动体验会让幼儿保持较高的活动欲望。

（10）指导和教育幼儿时，不能简单地把他们当成年轻版的成人。

第三节　幼儿进行身体活动的指导原则

生命在于运动，而运动需要科学的指导。幼儿进行身体活动应遵循以下六点原则。

一、充分认识幼儿的身心发展特点

（一）神经系统

幼儿的神经系统发育速度较快，但由于神经活动的兴奋过程和抑制过程不协调、不均衡，因此幼儿大部分动作不协调，而且存在较多的多余动作。此外，这一阶段的幼儿较为活泼好动，探索欲望和学习模仿能力也较强，但注意力不集中，常出现走神的现象。由于神经元的工作能力较低，工作持续时间较短，幼儿易出现疲劳，但神经过程的灵活性较高，神经元的物质代谢旺盛，合成速度较快，幼儿疲劳后的恢复也较快。因此，应通过变换练习内容、增加游戏趣味性、添加有创意的器材、创建丰富多彩的环境等方式，激发幼儿参与运动的兴趣，调动幼儿爱动的天性。

此外，幼儿的神经活动中第一信号系统占主导地位，易对具体形象的信号和刺激建立条件反射；而第二信号系统相对较弱，其抽象思维能力较差，综合分析能力还不完善。因此，对幼儿应多采用直观教学，尽量多做示范动作。

（二）运动系统

1. 骨骼和关节

儿童在幼儿阶段软骨成分较多，骨化尚未完成。与成人相比，儿童在幼儿阶段的骨组织中有机物与无机物之比为5:5，骨骼弹性大而硬度小，不易发生完全骨折但易发生

弯曲变形。

因此，幼儿应尽量避免做对关节和骨骼压力较大的动作（如负重较大的动作、反复跳跃的动作、从高处跳下的动作等），避免骨骼关节发生变形。

2. 肌肉

儿童在幼儿阶段与成人相比，肌肉中水分较多，蛋白质较少，控制肌肉收缩的主要成分含量较少。因此，幼儿肌肉收缩能力弱，耐力差，易疲劳，同时恢复得较快。幼儿时期，儿童全身肌肉的发展顺序为：先躯干后四肢肌肉，屈肌肌群先于伸肌肌群，上肢肌群先于下肢肌群，大肌肉群先于小肌肉群。

因此，针对幼儿运动系统的特点，在进行身体活动指导时应注意正确的坐、站、走、跑、跳和投的姿势养成，注意练习刺激的全面性和协调性，即注重练习的对称性（如身体左右侧和前后侧的对称性）。并且，鉴于幼儿脊柱生理弯曲较小、缓冲作用较弱的特点，安排身体活动时应避免幼儿在坚硬的地面上反复跳跃或做从高处往下跳的动作。此外，教师和家长应慎用负重练习，负重不宜过大和过多，在发展肌肉力量和关节稳固性的同时也要兼顾柔韧性练习，促进肌肉的平衡发展。

（三）氧运输系统

1. 呼吸系统

幼儿胸廓较窄，气道较窄，呼吸时的弹性阻力和气道阻力比较大，加之呼吸肌力量弱，因此每次呼吸的深度不够，肺活量较小。幼儿的新陈代谢比较旺盛，对氧气的需求量较高，在进行剧烈运动时，容易出现呼吸频率较高的现象，可达到160～180次/分。

2. 心血管系统

幼儿心脏发育尚不完善，心肌纤维弹性较小，收缩力量较弱，每搏量和心排血量小于成年人，整体的泵血功能较弱。因此，针对幼儿氧运输系统的特点，在进行身体活动指导时应注意项目和负荷方式的选择，应选择时间较短、以速度性为主、间歇时间相对较长的活动进行练习，不宜选择时间较长、强度较大、需要耐力的练习。

（四）认知发展

幼儿的记忆、语言和思维有着鲜明的特点。他们对感兴趣的事物具有更强的记忆能力，认识事物很大程度上依赖于行动。幼儿的"拟人性"思维特点突出，常常把动物当作人，甚至没有生命的物体在他们眼里也会说、会动；他们会将自己置身于童话故事的世界中，沉浸在想象的情境中。因此，在身体活动中可创设游戏情境和故事情节，赋予儿童一定的角色，但要避免过多的语言讲解。此外，3~6岁是儿童语言快速发展的时期，这一阶段的幼儿喜欢表达，经常使用手势、表情来辅助表达自己的想法。因此，每次运动游戏结束之后，教师和家长可以引导幼儿在活动中和活动后与同伴沟通、交流，分享自己的想法和感受，促进幼儿语言能力发展的同时，也能促进幼儿对与人交往及合作方式的学习。

（五）社会性发展

关于幼儿的社会性发展，应注意幼儿的情绪、情感、自尊、道德等方面的特点。幼儿情绪容易激动，且难以控制，尤其是对感兴趣的事物。教师和家长在带领幼儿参与身体活动时，应及时给予肯定、鼓励和表扬，鼓励可选择采用奖励小红花、小贴纸或小玩具等方式。此外，及时给予正向的肯定，会激发幼儿的主动性和积极性，使其更自信地尝试各种具有挑战性的身体活动。

教师和家长应更多地关注幼儿个性化的发展，避免进行横向比较，重点关注幼儿自尊心的保护。此外，幼儿的规则意识还处于萌芽阶段，是非观比较模糊，他们只知道被表扬是好事，被指责是坏事，喜欢听好话，听到批评的话就会不高兴或难为情。因此，这一阶段的幼儿特别需要教师和家长的监督和提示，教师和家长应及时纠正那些在运动游戏中不遵守规则和不遵守纪律的儿童，但应把握好尺度。

二、以游戏为主要载体开展身体活动

《3~6岁儿童学习与发展指南》指出，要坚持以游戏为基本活动，培养幼儿健康体魄、良好生活与行为习惯，促进幼儿身心和谐发展。

跨文化研究学者罗伯茨指出，技能游戏与儿童未来的学业成就及自尊水平高度相关。幼儿参与日常身体活动所需要的基本运动技能（如走、跑、跳、投掷、攀爬、翻身等粗大动作技能和抓、握、接等精细动作技能）都需要在运动游戏的环境中习得。此外，让幼儿在有角色、有故事、有规则、有竞争的游戏情境中进行身体活动，可充分调动感知觉并促进运动器官的发展。幼儿生活中的各种能力大都是通过游戏获取的经验积累获得的。因此，游戏是幼儿特有的学习方式，是促进幼儿进行身体活动、激活运动能力感知、发展运动技能的重要工具。

幼儿可以通过自由的学习方式，在与周围环境互动的过程中，积极主动地学习新的知识和经验，并将这些知识和经验应用到新的情境中去，进而发展思考问题和解决问题的能力。因此，通过体育游戏化的学习过程和经验的建立，幼儿能够更好地体验身体活动，主动探索运动环境，进而提升理解记忆能力、思考推理能力、解决问题的能力等，从而能更好地促进自身认知功能的发展。

《3～6岁儿童学习与发展指南》指出，幼儿社交能力发展的基本途径就是幼儿之间的人际互动。运动游戏是一种符合幼儿身心发展特点的活动，具有鲜明的自主性、趣味性、社会性和实践性等特点。在运动游戏开展的过程中，兴趣和好动好玩的天性是幼儿参与活动并积极与同伴交流沟通的潜在动力。研究显示，具有一定情境的运动游戏可以促进幼儿亲社会行为的养成，使幼儿在与人交往中表现出更好的合作与互动。也有研究显示，在情境中参与游戏可以强化幼儿的利他行为。因此，运动游戏不仅可以强身健体，更为重要的是，这是一种交流、沟通的方式，能够直接体现幼儿的天性。

《3～6岁儿童学习与发展指南》还指出，利用民间游戏、传统节日等，适当向幼儿介绍我国主要民族和世界其他国家和民族的文化，帮助幼儿感知文化的多样性和差异性。通过开展民族传统体育游戏，幼儿能在游戏过程中学习和思考，并在潜移默化中形成对民族文化的理解、尊重和认同。基于以上几点，相较于其他各类教育活动，富有情境的运动游戏无疑是比较生动且有效的一类。

三、以发展基本动作技能为核心目标

（一）动作发展的重要性

按照幼儿学习与发展最基本、最重要的内容，可将健康领域划分为"身心状况""动作发展"和"生活习惯与生活能力"三个领域。其中，动作发展是幼儿运动的核心目标，幼儿的动作发展是其身体技能发展状况的重要指标，并与幼儿的心理发展具有较强的内在关联。不仅如此，幼儿的动作发展也是其适应社会生活所必需的基本能力。幼儿动作发展的重要性主要体现在以下几点。

（1）人类个体的发展主要涉及四个领域，即认知发展、社会情绪或情感发展、动作发展和身体发展。这四个领域在人的一生中是持续相互作用的，某一领域内微小的变化都可能引起其他领域的变化。例如：学习一项新的运动技能可能会对情绪产生积极的影响；反之，也可能会因情绪低落或状态欠佳对动作或其他领域产生消极的影响。人类的动作会影响情绪、智力和社会关系，反过来，这些领域也会影响动作的发展。但研究

动作发展的影响是首要的，也是最重要的，只有了解动作发展的复杂性及其和其他发展领域的相互作用，才是正确认识人类全面和谐发展的开端。

（2）幼儿动作发展的重要性还体现在动作诊断方面。《人类动作发展概论》中指出，在给定年龄或成熟水平下，个体动作能力或技能水平的适宜性是需要被确定和评估的。评估结果显著偏离正常值可能是身体发育异常的信号，尤其是在幼儿阶段，这对医学诊断很有帮助。例如：婴儿反射动作的评估结果能够作为评定新生儿健康的重要指标，也可以用来对疾病进行早期的探查和干预。

（3）幼儿动作发展的重要性也体现在教育方面。全面了解幼儿阶段的动作典型特征能帮助教育者选择有效的教育方式，进而提高教育能力。例如：儿童在跑步之前学会走，在跨步前学会跑。了解幼儿动作发展顺序有助于教育者更好地了解幼儿已经发展到哪个阶段，以及正常情况下将要发展到哪个阶段，这对身体活动的教育工作有着重要的价值。同时，幼儿动作发展研究是科学设置幼、小、中体育课程内容的基础；也是选择有效的体育教学方法、科学评价幼儿和中小学生成长发育水平、促进其健康成长的基础。

（4）动作发展过程是一个跨越整个生命周期的复杂过程，幼儿阶段作为发展动作的关键时期，在这一时期学习和掌握基本运动技能至关重要。幼儿掌握的基本动作技能是他们有效完成其他动作的基础，这使幼儿在未来动作反应中能有更多的选择，也为他们的动作表现提供了更大的自由度。例如：当一名幼儿有很多机会在原地或运动中踢大小和重量不同的物体，那么他将建立一系列的动作模式，并能胜任更多的任务，将来在足球等复杂的运动项目中，能够与同伴有效配合或回应对手时更得心应手。这与在银行中存钱的例子相似，坚持在大脑中储备各种不同动作技能的幼儿，当遇到更复杂的动作技能时，更容易做出有效的反应。

基本动作技能可分为位移技能、非位移技能和操作技能。具体来说，位移技能主要包括跑步、爬行、跳跃、滑步等，非位移技能主要包括扭转、旋转、翻滚等，操作技能主要包括投掷、踢球、拍球、接球等。这些基本动作技能对幼儿的生长发育至关重要。关于动作发展的几个不同模型已经被动作发展专家认可，其中，西费尔特（Seefeldt）提出的动作熟练度发展序列模型（图1.3）是最早且影响最大的模型之一。

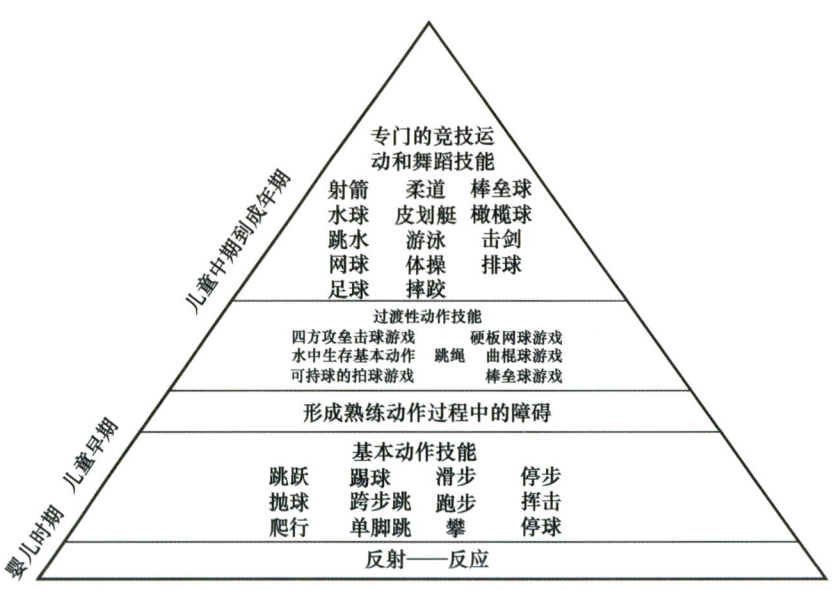

图1.3 动作熟练度发展序列模型

加拉休(Gallahue)提出了动作技能发展金字塔模型(图1.4)，这一模型将2~7岁幼儿的动作阶段划分为三个不同但又紧密衔接的阶段，并对不同的阶段进行了运动技能的分类。幼儿早期阶段的动作发展将影响其成年之后新的动作技能的学习和旧的动作技能的维持。

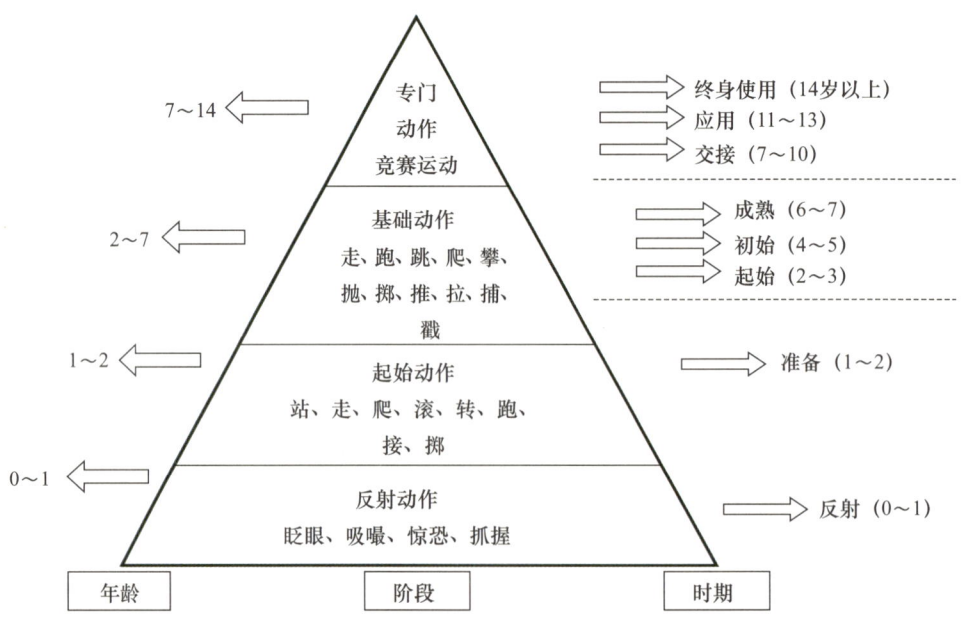

图1.4 动作技能发展金字塔模型

克拉克（Clark）和梅特卡夫（Metcalf）提出了动作发展山峰模型，即个体动作技能在不断完善的过程中，所能达到的程度是因人而异的，当然，这也取决于个体所受到的约束。他们认为，年龄并不是影响个体动作技能发展的主要因素，个体动作技能的发展主要依赖于个体经验。他们还提出，大多数儿童在六七岁时，他们的基本动作技能都会得到充分发展，这有助于儿童未来动作技能的进阶发展。

（二）影响动作发展的要素

幼儿的早期经验以及父母与同伴的陪伴、互动、环境的影响等，都与幼儿生理或基因因素存在潜在的交互作用，并一起影响着幼儿的动作发展。看似非常复杂的影响机制，在20世纪80年代由研究学者提供了比较清晰的思路。1984年，卡尔·纽厄尔（Karl Newell）在对动作发展影响因素的研究中提出了"约束"的概念，并提供了一个约束模型，用来理解和研究影响动作发展的各种因素。

约束模型建议，要理解和认识个体的动作发展过程，不仅要考虑个体本身，还要考虑个体所处的环境和专门的任务。个体、所处的环境、专门的任务三者是动态交互的，每个要素的变化都可能影响其他要素或被其他正在变化的要素影响。具体实践表明，不仅其他人的存在或缺少会影响个体的动作发展，而且参与身体活动的空间、地面、器械的大小和形状，甚至光线都会影响个体的动作发展。

1. 先天因素

先天因素具体指的是父母遗传的固有因素，动作功效需依赖神经系统和骨骼肌肉系统的成熟，而这些系统在很大程度上受到基因的控制。

2. 后天因素

后天因素具体指物质世界以及在动作学习过程中接触到的其他人类的活动。任何后天获得性行为，例如走路，都是神经系统、骨骼肌肉系统等与环境交互作用的结果。正如1997年切尔（Chiel）和比尔（Beer）提出的模型所述，神经系统被植入人类内部，又反过来进入环境中。

（1）环境。

人类要获得一个新的动作技能，需要在一个特定的环境中执行此项任务的机会。幼儿学习爬楼梯的过程就是一个很好的例子。幼儿想爬上楼梯，则楼梯是必需的，如果没有楼梯这一物理因素的存在，幼儿学习爬楼梯的机会就不会存在。此外，如果幼儿没有想要到达高一层的兴趣，也就不存在学习爬楼梯的理由。最典型的例子是发生在1920年报道的真实生活案例——野孩，自幼与狼生活在一起的两个女孩（卡马拉和阿玛拉）从来没有接触过人类，她们将狼的行为作为学习的原型，这一影响是巨大的，导致她们很晚才学会用两条腿走路。可见，在人类的动作发展中，环境起了很大的作用。

（2）经验。

经验一般指个体从感觉、观察、参与或者在具体实践的过程中获得的知识和技能。个体每天通过输入和利用各种感觉信息，不断尝试和经历着多种不同的事情。经验是个体在各个年龄阶段学习新技能的最直接的方式之一。例如，婴儿时期自发的踢腿、抓手、拍胳膊等动作，这些都是看似毫无目的且不成熟的神经系统的随机反应，但这样形成的经验却是动作发展必不可少的。动作经验不仅对于改进动作表现有着重要的作用，而且有利于新动作行为的出现。婴幼儿学习和控制这些早期的、随机的动作，为后期发展可控制的、有目的的动作奠定基础。此外，婴幼儿通过完成特定任务所获得的经验也是重要的。例如，早期牵着妈妈的手学走路的孩子很可能比那些没有经历类似特别任务而获得经验的孩子更快学会走路。因此，研究者的发现提示我们：在个体早期，为其提供积累经验的机会，对于促进个体典型的或者高级的动作发展而言非常关键。这一点再次强调了幼儿在关键时期学习基本动作技能进而打好基础的重要性，更强调了在幼儿动作学习的过程中父母和其他家庭成员高度参与的必要性。

（三）在实践中理解和应用约束模型

如前所述，个体所处的环境、经验与个体内部产生交互作用，动作发展的过程就发生了这种交互作用。例如：个体的基因负责构建身体中的蛋白质，那么环境和经验是控制基因的开关。这种对交互作用的理解和认识对于家长和教师来说是非常有用的。在这里需要认识一个概念，即身体度量。当个体根据自己的身体特征和环境特征调整动作时，就是在进行身体度量。例如：当我们想拿起桌子上的一杯水时，会度量手张开的大小、使用的力度和茶杯大小，以便容易且顺利地抓起茶杯，使水不会洒出来。然而，对于幼儿来说，完成这个动作需要两只手的合作，因为幼儿会根据物体的大小调整动作，以有效地完成这个动作。其他研究者也在多项任务中发现了支持"身体度量"的实验证据，并得出结论：个体动作的完成会因为身体与环境关系的不同而不同。

如何将"身体度量"这一概念应用到体育教育或其他相关领域中去呢？《人类动作发展概论》一书中提出一个可行的方案，就是为幼儿设计一套以约束为基础的任务分析。任务分析是指针对专门技能和特定学习群体设计的教学活动方法。它对专门技能的具体因素或者限制性因素进行分解,然后根据个体特征设计身体活动,以使专门的活动任务和环境因素达到最优组合。以网球正手击球为例,球的大小、球拍的重量等会影响击球的速度和准确性,球的飞行速度、个体的动作质量以及目标都是约束因素,这些因素都会影响击球的结果。作为教师或家长,可以将所有的影响因素进行分类——"个体的""环境的"和"任务的"(表1.1所示),并在此基础上设计任务分析,根据儿童的个体能力和发育状况选择合适的任务(表1.2所示)。

表1.1 网球正手击球技能的约束因素

个体的——结构	个体的——功能	环境的	任务的——目标	任务的——规则	任务的——器材
手的大小	先前经验	背景	回球:两只手击球	击球过网	球拍把手的大小
手的力量	个体期望	重力	回球:一只手击球	落点在边线内	球拍的重量
胳膊的长度	手眼协调	温度	球速度的变化	击球到正确的位置	球拍表面的大小
视觉追踪	注意力集中	光线	不断移动击球	—	球的大小
手臂力量	身体平衡	地面	比赛	—	—

如表1.2所示,针对幼儿的训练要先从简单任务开始。首先采用大且轻的球拍击固定球,让幼儿短距离击球,并且没有隔网。这就是在环境、个体和任务之间建立了相互作用的条件,并且较为容易地为孩子找到适合自身发展的学习方式,以完成击球动作的学习和掌握。经过反复练习,孩子收获了较多的动作经验,当达到一定的熟练度之后,教师或家长可以尝试改变约束条件,以提高任务的难度。

表1.2 以约束为基础的任务分析

	球体	击球器械	击球动作	击球速度	来球轨迹	到网的距离
从易到难	20厘米不同颜色的软球	细把手且大而轻的球拍	原地站立	击固定球	固定的球	不用网
	15厘米不同颜色的弹力球	少年网球拍	慢慢移动向球的方向	中等速度	向着队员的柔软的弧线球	短距离
	10厘米弹力球	少年网球拍	缓慢向身体的优势侧移动	没有旋转的高速	远离队员的柔软的弧线球	中距离
	网球	标准网球拍	缓慢向身体的非优势侧移动	旋转的高速	连续的弧线球	长距离

约束模型在动作发展过程中的应用说明:影响或约束幼儿动作发展的因素有很多,既不是遗传因素的单独作用,也不是环境因素的单独作用,而是二者共同作用的结果。

要深入剖析幼儿所处的环境和学习任务中最重要的约束条件是什么，据此设计运动游戏，通过改变器材、任务完成的规则、目标和物理因素（如光线、地面等），改进和提升幼儿的动作表现，使幼儿的发展性变化得到从易到难、循序渐进的积累。

四、兼顾发展幼儿的身体素质

《3～6岁儿童学习与发展指南》从身体素质的角度提出了在幼儿动作发展方面"具有一定的平衡能力，动作协调、灵敏"和"具有一定的力量和耐力"的动作发展目标。

人体要进行运动必须在保持身体平衡的状态下完成，平衡能力是完成各种动作的前提，也是实现自我保护所需的最基本的能力（如防摔倒）。发展幼儿的平衡能力，有助于提高幼儿进行各种活动时的稳定性和安全性。幼儿要想完成各种粗大动作，其协调性和灵敏性是必不可少的。例如：跑跳和投掷中需要上肢、下肢、眼和手的协调配合，快速移动中需要不断调整身体姿势和位置以顺利地躲过或越过障碍物，这需要一定的灵敏性。此外，力量是基础，没有足够的下肢力量，就不能完成站立、行走、跑步、跳跃等动作；没有足够的上肢力量就不能完成推、拉、投等动作。而耐力则更多地体现了幼儿心肺耐力和肌肉耐力的情况，随着幼儿心肺耐力的提高和肌肉耐力的增长，幼儿能较为轻松地参与并完成各种身体活动。但需要强调的是，幼儿阶段不宜进行无氧耐力的练习。

需要强调的是，对幼儿柔韧素质的培养也不容忽视。柔韧性是指在整个活动范围内不受限制地移动关节的能力。一般来说，幼儿都有柔软的肌肉、韧带和肌腱，但仍然要鼓励和引导他们每天进行拉伸，以实现拉伸的目的，即增加活动范围，预防与肌肉相关的伤病，减少肌肉酸痛，保持良好的姿势，减少对关节的压力，提高运动表现。正常的柔韧性水平可以给幼儿带来较多的与身体健康相关的好处，值得家长和教师投入时间和精力去培养。

重视幼儿身体素质的发展，实质上是注重提高幼儿的身体机能水平，从而促使幼儿的体质健康发展。我们首先要思考的是在幼儿身心发育的关键阶段需要哪些身体素质来增强幼儿的体质，然后再考虑围绕这些身体素质应选择哪些身体活动。所选择的身体活动要尽可能丰富多样，以激发幼儿参与身体活动的兴趣，帮助幼儿掌握较为丰富的运动经验，并使幼儿的身体素质在经常性的练习中得到提高，为其今后的学习和生活奠定基础。

发展幼儿的身体素质和基本动作技能是两个不冲突的目标，要注意以下几个方面。

（1）各年龄阶段幼儿身体素质的典型性表现是一种合理期望，并非评价标准，要尊重幼儿的个体差异和发展速度。

（2）各年龄阶段幼儿身体素质水平可以通过多种身体活动表现出来。例如：幼儿平衡、协调方面的发展水平可以通过走平衡木、爬行等动作表现出来。即便在某些地区因场地器材的限制导致部分幼儿从未接触过球类活动，但依然可以通过爬树、跳房子、滚铁环等活动了解他们在协调、力量和灵敏性等方面的发展水平。

在实践过程中，一方面要重视发展幼儿的动作技能，尤其是幼儿基本动作技能的规范性和正确性，切忌只顾培养幼儿的参与兴趣而忽略对其动作的指导；另一方面，在对幼儿进行动作技能训练时，要将其与身体素质提升这一目的相结合，并将幼儿身体素质的提升视为核心目标。例如：在教授幼儿学习和掌握正确的投掷动作时，要引导幼儿进行多种多样的投掷活动，以发展幼儿的上肢力量，提升其上、下肢的协调能力。

（3）《3~6岁儿童学习与发展指南》提出的两个身体素质目标不是相互独立的，而是相互关联的。例如：幼儿完成单脚跳跃动作时，离不开身体的平衡能力、下肢的肌肉力量以及上、下肢的协调能力等素质。因此，在设计身体活动内容时应注意两个目标的关系并将其相互结合。

五、坚持与健康相关的运动和行为

针对幼儿设计身体活动方案时，很重要的一个原则就是教育并培养幼儿养成积极健康的生活方式，选择安全、高效和适合幼儿发育水平的身体活动最为关键。幼儿不像成年人那样有特定的运动规定，相较于30分钟/次的高强度运动，幼儿更适合全天多次的短时剧烈活动。

（一）安全第一

幼儿活泼好动，对外界事物充满了好奇和探索欲望，总想动手触摸和尝试。但由于幼儿缺乏对危险事物或行为的认知和判断，自我保护的意识和能力较弱，身体能力也十分有限。因此，在活动中要避免幼儿发生意外伤害。教师或家长在指导幼儿进行身体活动时需要掌握一定的运动科学知识，例如：幼儿进行身体活动前要有必要的健康检查、正确的动作引导、预判、观察、保护和必要的急救措施等。此外，对幼儿进行身体活动时的场地、器械、运动装备等的安全性也要格外重视。总之，"安全第一"是保证幼儿参与身体活动的前提。

（二）目标合理

幼儿阶段并不是学习各种运动技能的阶段，过多过早地教授一些成人化的、外显性较强的运动技能（如高尔夫、跆拳道等），一方面会因超出幼儿身心发育水平，引起不必要的运动损伤；另一方面，在基础还没打牢的情况下学习这些运动技能，有可能成为幼儿成年后学习新技能或维持原有技能的限制性因素。幼儿身体活动的主要目标是动起来、玩起来，参与适合自身发育水平的、有趣味的、有挑战性的、团队合作式的运动游戏。

在幼儿的任何阶段，建立书面目标对活动来说都是有效的。在规划他们的活动目标之前，必须考虑幼儿的年龄、发育水平、动机、情绪状态、当前的身体素质、活动水平和活动兴趣。教师或家长设置的目标应该具备以下特点：具体、可测量、可实现和具有时限性（具有时限性的目标应该有起点、终点和固定的持续时间，没有时限的目标容易被遗忘）。重点强调的是，不能只顾培养幼儿参与身体活动的兴趣而忽视了对其动作发展的正确引导。例如：幼儿在做从高处跳下落地的动作时，要引导幼儿学会使用正确的屈膝屈髋缓冲动作，确保下肢关节和肌肉免受较强的震动。

（三）循序渐进

循序渐进意味着身体活动要有进步，幼儿应通过改变或增加频率、强度、时间和类型，安全、舒适地逐渐增加身体活动的强度。幼儿身体各个器官和系统的发育都不完善，应避免进行单一重复的、专项特征较为明显的身体活动，其一是为了促进幼儿身体结构和功能的良好发展；其二是为了保持幼儿参与身体活动的积极性，即每次活动并不需要设置并达到某个锻炼目标，而是让幼儿感到酣畅淋漓，享受运动的过程。

（四）持之以恒

坚持运动的孩子的体能会更佳，但运动并不是越多越好。家长和教师应鼓励幼儿参与各种各样的身体活动，其中可能包括不同的活动强度，以便锻炼不同的肌肉群和练习不同的身体动作。但过多的、单一的身体活动也会适得其反，这样的儿童往往会更频繁地出现关节疼痛和软组织损伤等问题。

（五）减少久坐行为

久坐行为是指在清醒状态下，处于坐姿、斜靠或卧姿时，任何能量消耗小于等于1.5个代谢当量［代谢当量，metabolic equivalent，MET，1 MET= 耗氧量 3.5 ml/(kg·min)，1.5 MET 属于低强度身体活动］的行为。如看电视，使用计算机、手机等电子设备；坐姿时阅读、画画、做功课等；学校里的坐姿，乘坐交通工具时的坐姿等。常见的不同身体活动与相应的 MET 如表1.3所示。研究者已证实：久坐行为与儿童肥胖、身体姿态异常、心血管疾病、心理疾病等之间的关联性较大。长时间注视屏幕不仅会对幼儿的视力造成影响，还会降低幼儿的能量消耗，从而减少营养物质的摄入。此外，久坐可能影响机体的代谢水平，引起外周血管功能的变化。

表1.3 常见的不同身体活动与相应的 MET

身体活动内容	MET
坐姿时安静地玩游戏、使用电脑、看电视、做作业	1.1 ~ 1.8
站立时的身体活动	1.6 ~ 2.0
轻提物体	2.0 ~ 3.0
家务活动	1.9 ~ 4.2
全身活动的视频游戏	1.8 ~ 4.8
步行（0.8 ~ 6.4 km/h）	2.5 ~ 5.3
跳舞、爬楼梯	3.0 ~ 5.5
骑自行车、滑滑板车	3.6 ~ 7.8
体育运动（乒乓球、足球、篮球等）	3.4 ~ 8.9
运动游戏（跳绳、攀爬、追逐等）	4.9 ~ 8.6
跑步（4.9 ~ 12.9 km/h）	4.7 ~ 11.6

由健康行为的社会生态学模型可知，幼儿久坐行为主要受到人口生物学、心理、认知、情感、行为、社会、文化、环境、家庭等因素的多层面交互影响。其中，环境因素和家庭因素的影响较大。例如：父母或其他家庭成员的生活习惯、教养方式、家风家规等可间接对幼儿行为的塑造造成影响，父母经常使用手机，他们的孩子的屏幕时间通常是同龄儿童的2倍。因此，父母或其他家庭成员的榜样、态度、习惯和管控约束原则在幼儿的屏幕时间和行为控制中起重要的作用。

此外，也有研究发现幼儿屏幕时间与物理环境支持（例如公园、幼儿园、社区等户外活动设施的可获得性）呈负相关关系。随着城市化水平的提升、建成环境的变迁以及智能电子设备的普及，儿童参加户外活动的时间有所减少，这间接说明居住环境安全性较低可能是幼儿久坐行为的促成因素。尽管如此，研究发现，在社会环境中实施久坐行为干预的有效性和可持续性较低，而基于家庭环境的干预策略更有优势。因此，从自己做起干预策略是非常有必要的，例如：设立一些时间规矩，家庭成员一起遵守户外活动时间和电子设备使用时间，共同努力实现对久坐行为的控制。

（六）保证充足的睡眠

《3～6岁儿童学习与发展指南》指出，幼儿每天应有11～12小时的睡眠时间。充足的睡眠对幼儿的生长发育、智力发育、精神状态及体质健康等都有着无可替代的作用，尤其是年龄越小的孩子，其睡眠时间应该越多。因此，家长和幼儿园教师要帮助幼儿养成良好的生活作息习惯和睡眠习惯。0～12岁儿童24小时身体活动、久坐行为和睡眠时间建议如表1.4所示。

表1.4 0～12岁儿童24小时身体活动、久坐行为和睡眠时间建议

年龄	身体活动	久坐行为	屏幕时间	睡眠时间
1岁以下婴儿	每天以各种方式进行若干次的身体活动。还不能移动的婴儿，每天至少需要30分钟的俯卧位时间，需在一天内分散进行，多多益善	单次不应超过60分钟	0分钟	0～3月龄：14～17小时 4～12月龄：12～16小时
1～2岁	一天内分散进行累计至少180分钟的各种身体活动，包括中等强度和高等强度的身体活动	单次不应超过60分钟	1岁：0分钟。2岁：每天不超过60分钟，越少越好	11～14小时的优质睡眠（包括小睡），睡眠规律
3～4岁	一天内分散进行至少180分钟的各种身体活动，包括至少60分钟中等强度和高等强度的身体活动，多多益善	单次不应超过60分钟	每天不超过60分钟，越少越好	10～13小时的优质睡眠（包括小睡），睡眠规律
5～12岁	每天进行60分钟的中等强度至高等强度的身体活动；每周进行至少3次的有氧和力量练习	应限制久坐时间，特别是屏幕时间		9～12小时的优质睡眠（包括小睡），睡眠规律

（七）保证健康饮食

针对幼儿有7个健康饮食提示：食用的谷物中有一半是全谷物；摄入多种蔬菜；摄入多种水果；多摄入含丰富钙质的食物；多摄入优质蛋白质；食物摄入与身体活动要保持平衡；保证食品安全。

六、坚持幼儿健康领域与其他领域教育的有机结合

《3～6岁儿童学习与发展指南》指出，儿童的发展是一个整体，要注意领域之间、目标之间的相互渗透和整合，促进幼儿身心全面协调发展。

幼儿健康领域的学习与发展和其他领域（特别是社会领域）的学习与发展密不可分。例如：涉及幼儿情绪情感以及对集体生活的适应等方面的目标都可以融入健康领域相关

目标中。幼儿在与同伴和谐相处、共同完成目标的运动游戏过程中，或者在与同伴一起绘画、读书时，都能表现出积极、轻松和愉快的情绪以及较强的语言表达能力，这就是情绪情感发展目标和语言表达目标的有机结合。此外，幼儿在绘画和读书的同时也能锻炼精细动作技能，这也是提高幼儿手部协调性和灵活性的较好途径。又如：幼儿在探索周围环境的过程中，既可以获得物质特性方面的知识，又可以了解安全方面的知识并积累经验，这有助于提升幼儿的社会认知能力、对危险事物的认识与判断能力。因此，幼儿健康领域的学习与发展和其他领域是有机结合、相互渗透的，"关注幼儿学习和发展的整体性"是设计各个领域目标和内容的基本理念。

第四节　幼儿进行身体活动的类型

一、日常活动

幼儿的日常活动一般包括日常生活活动（如洗手、洗脸、穿衣服、系鞋带等）、家务活动（如整理衣服或玩具、扫地、倒垃圾等）和日常出行活动（如行走、走楼梯、走台阶、骑车等）。日常活动与健康生活息息相关，也是培养幼儿自理能力的重要途径和方法。教师和家长可以适当增加幼儿日常活动的时间，尤其是低龄幼儿，以帮助他们学习和掌握基本生活技能。

（1）家长是幼儿的第一任教师，幼儿在家时，家长要有意识地增加幼儿身体活动的时间（如带领幼儿一起做操、散步、骑自行车等），也可以带领幼儿做一些亲子游戏和探索类游戏（如寻找春天、收集落叶等）。此外，家长也可以引导幼儿自己动手完成日常活动（如自己动手整理玩具或衣物，帮助家长打扫卫生，照顾植物或小动物等）。出行时，尽量减少乘坐不必要的交通运输工具（如公交车、电梯等）。

（2）教师除了设计幼儿园运动游戏课程之外，也可以从日常生活的角度设计游戏以增加幼儿身体活动的时间（如认领动植物并布置看护和喂养任务、饭后在园中集体散步、课后集体打扫卫生等）。总之，通过日常活动让孩子动起来并保持活跃的生活状态是关键，这需要家长和教师的共同努力。家长和教师要实现良性互通，尤其是家长要参与到幼儿课前和课后的管理中。

二、玩耍游戏

幼儿阶段的休闲活动主要指运动游戏，以游戏为载体是幼儿园体育教育活动内容选择的基本特征。如前所述，游戏可以更好地展示和发挥幼儿的身心潜力，促进幼儿身体、智力等显性功能和情感、认知等隐性功能的发展。幼儿的玩耍游戏主要包括两大类：以发展基本动作技能为目的的游戏（如移动类游戏、姿势控制类游戏、物体控制类游戏、肢体精细控制类游戏）和以发展重要身体素质为目的的游戏。德沃利茨基提出，幼儿游戏应具有以下特征。

（1）游戏应源自幼儿的动机，幼儿参与身体活动的目的不是满足什么需求或达成什么目标，而是自身意愿的表达。

（2）游戏应满足幼儿情感的发展，幼儿通过参与游戏收获开心、快乐、幸福感和满足感。

（3）游戏本身可以具有一定的虚构性，既可以来源于幼儿的幻想，也可以来源于亲身经历。

（4）游戏本身就是目的，行为的主要兴趣就在于游戏本身。

（5）游戏是一种非常灵活的形式，可以根据情境变化随时做出调整。

（6）幼儿阶段的游戏要以情境性为主线，围绕"发展基本运动技能"和"促进重要身体素质发展"的目标，以自然性、生活性、科学性为内容选择的方向展开。

① 情境性。好奇是幼儿的特质，情境化的内容可以更好地赋予游戏"生命"的特征，能提高幼儿参与的积极性，激发幼儿主动参与的动机，在情境的演绎中提高幼儿的想象力和认知能力。此外，在精心创设的故事情境中，幼儿通过模仿一些行为来逐渐理解各种社会关系，并能进一步了解社会规范、社会文化等方面的知识。

② 自然性。幼儿游戏内容选择的自然性主要体现在两个方面：其一是要以幼儿身心发育特征为基础；其二是要贴近人类生活的自然，幼儿运动游戏内容的选择要以自然的环境为依托，尽可能创设符合幼儿自然生长的环境。幼儿在自然环境中能充分利用身体和各种感官与大自然进行互动，这种互动不仅有助于幼儿人格品质的塑造，还会在不断的实践探索中培养幼儿尊重和珍惜大自然的情感。

③ 生活性。教育即生活，游戏内容在选择和设计时一定要贴近幼儿的实际生活，这样不仅有利于激发幼儿的参与兴趣，还可以促进幼儿社会化的发展。幼儿的教育活动应

当在具体的、客观存在的、"实在的"环境中进行，切忌局限于现有的体育器材，可以尝试将幼儿生活中的内容和物品加以开发和利用，加深幼儿对生活的理解。

④ 科学性。科学性最重要的特征体现在知识体系上，幼儿游戏的设计应符合教育学、心理学和运动科学等学科知识逻辑。教育学的角度一般要求重点关注身体活动设计的目标、准备、过程和延伸等方面。心理学的角度则要求遵循幼儿身心的发展规律，游戏内容在广度和难度上都要采取适当调整、循序渐进的原则。运动科学的角度则要求合理安排和科学监测幼儿的运动量和强度等训练学因素。

在选择幼儿游戏内容时，自然性、生活性和科学性并不是相互矛盾的，针对不同的教育目标，既要有所突出，又要有所兼顾，三者之间平衡才能体现和发挥运动游戏对幼儿的特殊教育价值。

三、体育运动

体育运动通常涉及具体的运动项目和特定的运动技能，例如：踢足球、打篮球、跳舞、跳健美操、滑轮滑、打棒球等。对于幼儿来说，这些运动技术难度较高，不易完成。《3～6岁儿童学习与发展指南》中也推荐幼儿适当进行上述运动，但这并不代表在幼儿阶段要发展此类专项技能。适当地参与上述运动可以培养幼儿的兴趣，提高幼儿对此类项目的认识。如前所述，3～6岁是幼儿学习身体基本动作的关键期，倘若在这个阶段没有掌握和开发基本的动作技能和模式，就会影响未来由这些基本动作技能所组成的复杂动作的学习和发展。因此，教师和家长在进行体育运动（尤其是专项技术要求较高的项目）引导时，应尽量避免过多强调技术技巧和竞争规则，可以将其设计成具有挑战性且有趣的游戏，增加幼儿的运动体验。

第五节　幼儿进行身体活动的运动负荷

一、运动量

《3～6岁儿童学习与发展指南》推荐幼儿在全天内进行各种类型的身体活动时间应累计达到180分钟。这里不要求一次性完成180分钟的活动，可以分散在一天的

生活中。值得一提的是，180分钟的活动时间只是推荐的每天身体活动时间的最低标准。也就是说，不应对幼儿身体活动量进行过多的限制，而应在幼儿身心可承受的范围内，逐渐增加活动量。在幼儿进行身体活动的过程中，教师和家长应学会根据幼儿的面色、出汗量、心率、呼吸状态、动作质量、精神状态、语速等情况随时调整运动量。

二、运动频率

运动频率是指幼儿的身体处于活跃状态的频率。幼儿应在一周的大多数时间里（最好是每天）保持活跃，并进行大肌肉群的身体活动，例如步行、骑自行车、玩游戏、跳舞等。对于肌肉力量和耐力的练习，幼儿应保持每周2~3天的练习频率，且练习是不连续的，以使幼儿的身体有充足的适应、缓冲和恢复时间。

三、运动强度

运动强度是指幼儿在身体活动中锻炼或玩耍的难度。《3~6岁儿童学习与发展指南》中也对强度提出了建议，"中等及以上强度的身体活动累计不少于60分钟"。多项研究表明，中等及以上强度的身体活动能带来更多的益处。对于幼儿来说，中等强度的身体活动能量消耗为该幼儿静态能量消耗的4~7倍。同样，幼儿不需要一次性完成60分钟的中等及以上强度的身体活动，可以基于幼儿身心发育的特点和个体能力，适当分散在一天的生活中进行。身体活动水平分类如表1.5所示。

表1.5 身体活动水平分类

类型	特点及表现	例子
低强度身体活动	● 呼吸频率及心率稍有增加； ● 感觉轻松的身体活动	拉伸、整理玩具、缓慢行走
中等强度身体活动	● 需要适度的体力消耗； ● 呼吸较平时急促，心率较快； ● 微微出汗，但还能轻松说话	快步走、玩障碍球、搬运重物
高等强度身体活动	● 要消耗较多的体力； ● 呼吸较平时明显急促，呼吸深度大幅度增加，心率显著加快； ● 出汗，停止运动、调整呼吸之后才能讲话	慢跑、追逐游戏、打球、游泳、跳舞

四、特殊儿童身体活动的计划指南

目前,体育教师所面临的最困难的挑战是,在活动中要满足每个学生身体、精神和社交方面的发展需求。有些幼儿未能达到传统身体活动的要求,存在不同程度的发育障碍或运动障碍,例如肥胖、孤独症、智力残疾、躯体残疾等。

作为体育教师,有责任向有特殊需求的幼儿提供必要的健康和健身指导,指导内容包括以下方面。

(1)采用团队合作的方式:建立由体育教师、家长、特殊教育顾问和特殊服务专业人员等组成的团队。

(2)确保安全第一:为特殊儿童准备专用器材,并确保每个学生都有专用的器材。例如:头盔、护膝、垫子等。此外,要确保场地设施能让每个学生都可以自由地参加身体活动。

(3)适当修改活动内容:为了让所有的学生都能参加身体活动,需要适当修改一些活动程序或游戏要求。例如:目标更大一些,使用器材更轻一些,缩短踢球或投掷的距离,放慢运动游戏的节奏等。

(4)改变教学行为:特殊儿童身体活动的计划中应包含更多的视觉和演示要素,示范活动的比例要提高;每一步都要提供直接且简洁的口头提示,而不仅仅是解释指令,要特别清晰明确地表述出内容。

(5)保持一定的敏感度:为特殊儿童提供大量的正面强化的内容,可以谈论他们的兴趣爱好、喜欢的人或物等,让他们产生归属感并感受到温暖。

(6)创设积极和鼓励性的活动氛围:创设拥有积极氛围的身体活动,争取让每个学生都能发挥团队精神,彼此支持和帮助。不要刻意关注特殊儿童或过度谨慎,而应对所有参与活动的学生一视同仁。重点强调的是:只关注学生身体的需要,而不是身体或智力上的残疾;着重规划学生可以做的活动,而不是无法完成的活动。

(一)肥胖儿童的活动指南

如前所述,儿童肥胖问题是当今最严重的健康问题之一。肥胖儿童在年龄较小的时候看起来相对健康,但是在之后的生活中较容易出现严重的医疗并发症和心理并发症,这在儿童对自我概念的感知和对所需身体活动的感觉过程中会产生明显的负面影响。对肥胖儿童的干预计划主要包括三个方面,即饮食行为、身体活动模式和行为策略。此外,最为重要的是家校之间的共同参与和努力。肥胖儿童的活动重点有以下方面。

（1）大肌肉群参与的身体活动对肥胖儿童来说最有益，例如：慢跑、徒步、跳绳、游泳和追逐游戏等。

（2）从低强度活动开始，在初始阶段不要要求或期望达到一定的成绩。

（3）在设计和选择身体活动时，要特别强调活动的多样性和趣味性。例如：组织化程度较低的游戏、舞蹈和节奏类活动、娱乐活动等。保持活跃性是最重要的，避免使用对成绩的期望和竞争来激励肥胖儿童。

（4）自我监督和家长监督是巩固儿童身体活动水平的好方法。低龄儿童可由家长协助监督，大龄儿童可以自己记录每天的身体活动时间，并坚持记录。

（5）使用小重量和多重复次数的形式进行肌肉力量和耐力的练习，每周至少练习2~3次，3周之后可以逐渐增加组数和次数。

（6）安排大肌肉群和力量、耐力练习时切不可忽略肥胖儿童的柔韧性练习。肥胖儿童的身体活动范围通常因为关节周围的脂肪较多而受限，所以要鼓励和引导肥胖儿童每天进行一系列的拉伸练习，每次练习7~10分钟即可。

（7）及时评估和反馈。每2周或3周要评估一次学生的活动情况和干预进度，并强调正向的做法，给予积极的肯定。

（二）孤独症儿童的活动指南

身体活动可以为孤独症儿童提供一些培养社交技能、认知技能和运动技能的机会。研究专家认为：培养孤独症儿童的社会交往能力时，其与同龄人的互动可能比成人对其进行指导的效果更好。作为教师，可以引导其他活跃的孩子在课堂上带头，组织运动游戏以促进其社交进程。此外，孤独症儿童大多有认知缺陷、语言障碍和动作迟缓等问题，所以教师要以缓慢、有序的方式为孩子提供简短、简洁的指导，并给予他们一定的耐心、信心和恒心。孤独症儿童的活动重点有以下几个方面。

（1）强调社交互动。为孤独症儿童尽可能多地提供与同龄人一起活动的机会，但如果孤独症儿童的压力值上升，则要采取简单的安全预防措施。

（2）调整沟通方法。孤独症儿童可能难以理解代词，所以用第三人称可能有助于沟通。例如：教师可以说"小明可以踢球"，而不是"小明，踢球"。尝试使用简短的句子表达，以减少因句子太长给孩子造成压力。此外，在传达基本指令时（如停下、开始等）配合做出简单的肢体动作。

（3）允许孤独症儿童有更长的反应时间。孤独症儿童在参与身体活动需要对口头或视觉提示作出回应时，允许他们有几秒的反应时间，如果没有反应，可以重复提示。

如果仍没有反应，教师要有耐心地告诉他们想让他们做什么。

（4）使用正面强化。孤独症儿童常常将注意力集中在物品或玩具上，所以可以将这些小玩具作为参与身体活动的奖励，一旦完成了指定的任务就允许他们玩几分钟玩具。坚持使用正面强化的语言来表达对他们的肯定，例如："你今天真棒""你做得很好"。当然，这也适用于所有的幼儿（如表1.6所示）。

（5）尝试使用书面语言策略。书面语言的使用是与孤独症儿童进行交流的较好方式之一，为了降低儿童在进行身体活动之前的压力，教师可以引导他们在课前阅读任务卡。当然，这是针对大龄儿童的做法，低龄儿童可以尝试选择一些其他方式，例如：看绘画、图片或图形。孤独症儿童需要体育教师和同伴的支持与理解。如果活动计划得当，他们完全能够参加高质量的身体活动。

表1.6 正面鼓励幼儿的方法示例

话语	表现
哇！	与学生一起欢笑
做得好！	微笑
干得好！	拥抱
好！	高兴地扬起眉毛
我为你的努力感到自豪！	点头
好样的！	竖起大拇指
就是这样！	举起手击掌
好棒！	握手
好极了！	拍拍背
感谢你的合作！	挥手
好多了！	把手放在肩上
看起来不错！	抬起双臂
漂亮！	凝视并微笑点头
保持这种好的表现！	举起拳头，无声地欢呼
精彩！	跳起来
我对此印象深刻！	指着幼儿并点头
非常有创意！	张开双臂站立

第六节 幼儿进行身体活动的环境需求

《3～6岁儿童学习与发展指南》中明确指出，幼儿每天的户外活动时间一般不少于120分钟，其中体育活动时间不少于60分钟，季节交替时要坚持；气温过高或过低的季节或地区应因地制宜，选择温度适宜的时间段开展户外活动，也可以根据气温的变化和幼儿的个体差异，适当减少活动的时间。这表明适当的户外活动是提高幼儿机体适应能力、增强幼儿体质健康的重要保证。户外活动有以下优点。

一、有利于身心健康发展

户外活动能促进幼儿身体发育和新陈代谢。新鲜的空气、温暖的阳光有助于幼儿气管、黏膜、皮肤的健康发育，阳光中的紫外线有助于身体产生维生素D，促进幼儿对钙的吸收和骨骼的健康发育。与此同时，户外活动既能增加幼儿的体力，还可以提高幼儿对气候环境变化的适应能力，对身体各个脏器的生理功能也有积极影响。

二、有利于幼儿一日活动的开展

户外活动为幼儿提供了丰富多彩的环境和体验，有助于激发幼儿的好奇心和探索欲望。与室内活动相比，户外活动能更好地促进幼儿身心发展，也能通过提供丰富的视觉、听觉、触觉等感官体验，培养幼儿的审美感知能力，丰富其审美经验。此外，户外活动能促进幼儿社会交往能力的发展，促使幼儿与同伴建立良好的关系，进而促进幼儿一日活动的顺利开展。

三、预防幼儿近视

户外活动可以减少长时间近距离用眼，从而减轻眼睛的负担。充足的户外光线有助于调节眼睛的焦距，缓解眼睛疲劳。不仅如此，户外活动还能锻炼眼部肌肉，增强眼睛的调节能力。最后，户外活动能够增加幼儿与大自然的接触，使幼儿心情愉悦，从而降低因焦虑、压力等心理问题导致的近视风险。

当然，尽管户外活动的好处较多，但鉴于户外环境的变化，可对户外活动的时间和幼儿身体活动的类型进行灵活调整。例如，我国有些地区会出现雾霾、沙尘暴等天气，有些地区则雨季较长、雨水较多。这些都不可避免地影响幼儿户外活动的正常进行，可以适当增加一些室内活动，通过中低强度相结合、动静相结合等灵活的形式，达到每天身体活动的目标。

第七节 幼儿进行身体活动的注意事项

幼儿进行身体活动时应注意以下事项。

（1）幼儿园入园前后都要进行必要的健康检查。如前所述，安全排在幼儿健康成长的第一位，若发现个别幼儿存在心脏、肌肉、骨骼、呼吸系统等方面的疾病，一定要格外注意，这些幼儿不能随意参加身体活动。

（2）户外运动时要注意天气和温度，把控好活动的时间，尽量避开高温、寒冷、雾霾等天气，注意做好补水、防晒、防冻伤、防感冒等工作。

（3）寓安全教育于身体活动之中，提高幼儿的安全防范意识和能力。教师可以有针对性地设计一些游戏，通过扮演不同的角色，体验面临危险或困难时如何避开危险保护自己，让幼儿从实践活动中学习和掌握一些应对突发事件的方法，提高幼儿的自我保护能力。此外，教师还可以通过一定的方式动员和培训家长，引导家长结合日常生活实际，有意识地传授和讲解一些安全知识。

（4）围绕幼儿身体活动中的安全问题，教师应重点关注以下几点：

① 幼儿活动的场地要开阔、平坦并且具有一定的弹性。
② 幼儿活动的器材要安全、环保、绿色，适用性强。
③ 幼儿活动的器材和场所要定期检查和消毒。
④ 幼儿活动时要注意对幼儿的保护与帮助，注意观察幼儿的动作和行为表现。
⑤ 幼儿活动时要注意运动卫生。
⑥ 幼儿阶段应避免专门性的力量或耐力练习；
⑦ 幼儿在运动前应进行充分的热身和拉伸活动；
⑧ 幼儿的运动应循序渐进，整体运动量不宜过大；

⑨ 幼儿活动过程中，教师应注意观察其面色、出汗量、心率、呼吸状态、精神状态等方面，及时调整运动量；

⑩ 幼儿活动过程中，教师应注意个体差异，尊重幼儿的个体发展情况和发展速度，尊重幼儿的选择；

⑪ 幼儿活动时做好必要的医学监护。

第八节　幼儿进行身体运动负荷的监测与评估

教师在幼儿活动过程中应加强对幼儿的保护，通过观察幼儿的动作和行为表现，随时提醒幼儿注意安全，要根据幼儿的活动情况对活动器材、内容、活动量加以灵活调整，防止幼儿受伤。因此，幼儿运动负荷的科学监测和评估非常重要。幼儿身体运动负荷的监测和评估应包括以下几个方面。

（1）身体活动类型：评估幼儿身体活动选择的类型与练习目标的针对性和匹配性。

（2）运动频率：具体指幼儿每周进行身体活动的次数。身体活动对幼儿身心产生的良性作用需要长年累月才能显现出来。

（3）运动量：指身体运动负荷对幼儿刺激的量度，反映运动负荷量的特征。例如：幼儿身体活动的时间（秒/分/小时/课/日/周）、练习的次数（几组/几次/几轮等）、位移的距离（米/千米）和负重量（千克）。

（4）运动强度：指练习的速度、投掷或跳跃的距离和练习的难度等，反映了运动负荷的特征。运动强度和运动量共同构成运动负荷的整体，彼此依存又相互影响，一个方面的变化必然会导致另一方面的变化。在幼儿身体活动实践中，要把控好两者的动态变化：① 运动强度较低时，要适当地增加运动量；运动强度较高时，则要适当减少运动量；② 练习离不开运动负荷，运动负荷不够则不能对机体产生刺激，运动负荷过量则容易积累疲劳，对机体造成伤害，一定要对这两个方面进行综合考虑。

运动负荷的监测与评估较为复杂。幼儿的身体状况千差万别，个体之间或个体在不同的机能状态下，对运动负荷的承载能力均不相同。因此，运动负荷的监测与评定最好通过多途径、多指标、多学科进行同步测试，在此基础上进行综合分析，但至少应包括以下几方面的数据和材料。

1. 客观评价：心率

检查心率是在大肌肉群活动期间监测身体压力水平的一种方式，可以测量幼儿在静息状态下、高度活跃的游戏过程中和游戏过程后的心率。两个最容易测量心率的位置是桡动脉和颈动脉。将手腕稍微向下弯曲，将食指和中指放在手腕靠拇指的一侧，可以找到桡动脉的脉搏；将食指和中指轻按在喉咙旁边的凹陷处，可以找到颈动脉的脉搏。教师可数出 10 秒内脉搏跳动的次数，然后计算出 1 分钟内脉搏跳动的次数，即心率。

2. 客观评价：步数

使用计步器记录幼儿在一天中走路的步数，可以设置 1 周或几周的目标，逐渐增加步数。幼儿适度步数为每天 1000～13000 步，每周至少 5 天达到适度步数。

3. 主观评价：教育学观察

教师可以根据教育学指标对幼儿进行观察，即幼儿在活动过程中是否出现烦躁不安、脸色苍白、目光无神、表情冷漠、反应迟钝、协调性差、注意力不集中以及动作表现明显下降的情况，其中一种或几种现象出现，都表示已经达到需要调整运动负荷的程度了。

4. 主观评价：运动强度评价量表

主观体力感觉等级（RPE）量表是目前对运动负荷进行监测与评估最为常见的运动感知量表之一，但鉴于幼儿有限的认知能力，该量表在实践中应用和推广的难度较大。罗冬梅教授等人在前人研究的基础上，将针对幼儿的运动强度评价量表设置成 6 个等级。经过合理性测试，该量表具有较好的信度、效度和普适性（如图 1.5 所示，以男生版为例）。

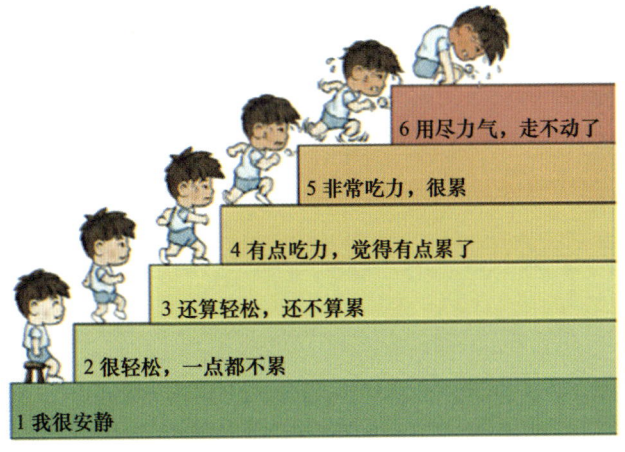

图 1.5　幼儿运动强度评价量表——男生版

第二章 幼儿身体活动——爬行

第一节 加速吧！乌龟

课程目标

本节课程旨在通过练习同手同膝爬行和异手异膝爬行，使幼儿的手、膝协调能力及身体控制能力得到全面发展。首先，这些基本的爬行运动技能是幼儿身体发展所需运动技能的重要组成部分，不仅有助于提高幼儿的运动能力，还能促进幼儿神经系统的发育，加强身体两侧的协调性和平衡感。其次，这些爬行活动的练习对提升幼儿的认知能力和感觉统合能力有着重要的影响。最后，幼儿不仅能在游戏中体验乐趣，还能掌握身体协调和运动控制的关键技能，为日后其他动作技能的学习和身体发展打下坚实的基础。

动作练习

同手同膝爬行和异手异膝爬行。

动作视频

1. 同手同膝爬行

幼儿需要将同侧的手和膝同时向前移动，这种爬行方式可以帮助幼儿理解和练习身体同侧部位的协调动作。

2. 异手异膝爬行

幼儿需将对侧的手和膝同时向前移动，这种动作增加了活动的难度，要求大脑同时协调身体不同侧面的不同部位，从而促进大脑两半球的交互和整体协调能力的提升。

活动要领

（1）**手、膝接触地面**：在爬行过程中，幼儿的手掌和膝盖接触地面以支撑身体，保持双脚远离地面。这不仅有助于保持身体的稳定性，还能减少因重心不稳导致的摔倒风险。

（2）**保持身体平衡且核心收紧**：在爬行过程中，维持身体的平衡是基本要求。教师应指导幼儿如何分配身体重量，避免一侧过重或过轻，确保爬行过程的流畅性和安全性。

（3）**手、膝协调发力**：在爬行过程中，平均分配四肢力量，以便进行流畅和有效的移动。手和膝的协调发力是这一活动的核心，教师需要强调每次移动手和膝时的同步性，帮助幼儿理解如何有效地使用自己的四肢。这种协调能力的培养，对于幼儿未来学习更复杂的运动技能而言，是至关重要的。

活动目标

1. 知识目标

提升幼儿对爬行技巧的理解和认识，详细解释同手同膝爬行（同侧手脚同时向前移动）和异手异膝爬行（对侧手脚同时向前移动）的具体动作要领。通过观察演示和教师指导，幼儿将学会识别和区分这两种爬行方式的不同技术细节和适用场景。

2. 能力目标

通过实际操作和多次练习，锻炼幼儿上、下肢的协调能力。同手同膝爬行和异手异膝爬行不仅能帮助幼儿提高身体的灵活性和平衡能力，还有助于增强幼儿身体各部位的肌肉力量和稳定性，从而提高幼儿对整体身体姿势的控制能力。

3.素质目标

通过参与各种爬行游戏，激发幼儿对爬行活动的兴趣和好奇心。这些活动将帮助幼儿提高注意力集中程度和快速反应能力，同时在活动中的成功体验还将大大增强幼儿的自信心和自我效能感。

活动重难点

1.重点

活动的重点在于对身体重心的平稳控制。幼儿需要学会在不同的爬行模式中调整自己的姿势，以确保身体始终保持稳定的状态。这一活动不仅有助于他们在爬行时保持平衡，避免跌倒，还能为他们以后学习站立、行走等更高级的运动技能打下坚实的基础。

2.难点

活动的难点在于上、下肢的协调配合。同手同膝爬行要求婴儿同时移动同侧的手和膝盖，而异手异膝爬行则需要幼儿交替使用对侧的手和膝盖。这种协调配合对幼儿的神经肌肉控制能力是极大的挑战，幼儿需要通过反复练习和反馈，逐渐掌握上、下肢的协调配合技巧，提高爬行动作的流畅性和准确性。

活动内容

一、身体总动员——"炸弹"来了

（一）活动目的

本游戏通过模拟紧急避难的情境，在进行热身的同时，加强幼儿对指令快速反应的能力，并在有趣的游戏中锻炼他们的身体协调性和肢体控制能力。通过这种形式的活动，幼儿不仅可以提高身体素质，还能在游戏中学习团队协作和遵守规则等能力。

（二）场地器材

1.场地需求

宽敞、平坦且安全的室内或室外活动场地。

2. 器材准备

在活动区域铺设彩虹垫，以确保幼儿在活动中的安全。在活动场地四周布置泡沫轴，设置一个大圈作为幼儿行走的路径。

（三）活动具体步骤

1. 活动准备

幼儿按教师的指示在圈内沿泡沫轴走路。教师则站在圈的中心，观察、指挥并控制游戏进程。

2. 活动指令

教师突然大声说："'炸弹'来了！"此时，幼儿应迅速寻找最近的彩虹垫并趴下，模拟躲避炸弹。这一阶段考验幼儿听从指令的能力和对突发情况的反应速度。

3. 活动要求

当教师喊出"'炸弹'炸了"时，所有幼儿应在彩虹垫上趴着，同时尽量把双手和双脚抬高，保持身体平衡。这一动作有助于增强幼儿的身体协调性及其对肌肉的控制力。

（四）注意事项

（1）确保所有幼儿在执行动作时的安全，避免在迅速移动或趴下时发生碰撞。

（2）教师应密切观察幼儿的动作，确保他们正确执行指令，同时对他们动作的准确性和敏捷性给予鼓励。

二、能量大爆发——加速吧！乌龟

（一）活动目的

在这一部分活动中，我们将通过模拟小乌龟的爬行方式，让幼儿体验同手同膝爬行和异手异膝爬行。通过这一趣味性活动，幼儿能更好地理解身体协调运动的重要性，并能在活动中锻炼肌肉力量和身体控制能力。

（二）场地器材

1. 场地需求

选择一片宽敞且地面平整的区域，确保没有任何尖锐或硬质的物品。

2. 器材准备

在地面上铺设柔软的垫子，以防幼儿在爬行过程中摔倒。

（三）活动具体步骤

1. 任务一：小乌龟向前爬

（1）动作演示：教师先进行动作示范，清楚地展示同手同膝和异手异膝爬行的区别和技巧。

（2）模仿实践：在教师的引导下，幼儿跪在垫子上，先练习同手同膝爬行，随后尝试异手异膝爬行，教师逐一校正幼儿的动作，确保每名幼儿都能掌握正确的动作。

（3）反馈调整：教师观察幼儿的爬行表现，给予即时反馈并进行动作调整指导，帮助幼儿优化爬行技巧。

2. 任务二：小乌龟向前冲

（1）起跑准备：每组幼儿在起跑线上准备，教师确认所有参赛幼儿准备就绪。

（2）比赛开始：教师发出指令后，幼儿开始根据所学的爬行方式向前移动，尽力快速并正确地爬行。

（3）规范监督：教师沿赛道观察并指导，确保幼儿的动作规范，同时提醒幼儿注意安全，避免跌倒和相互碰撞。

（4）终点统计：比赛结束后，教师记录每组到达终点的顺序和时间，对表现突出的幼儿给予表扬。

小贴士

在爬行时，幼儿应该注意手和膝的协调性，避免在快速移动中失去平衡。

（四）注意事项

（1）在活动前，注意检查活动场地，确保没有尖锐物品以及所有安全防护措施到位。

（2）教师需时刻关注幼儿的安全，特别是在比赛环节，提醒幼儿在活动中保持适当的前后距离，避免发生碰撞，同时防止幼儿因为过于激动而造成意外伤害。

三、动力回收站——软软糖

（一）活动目的

在经历了一系列剧烈的体育活动后，幼儿的肌肉可能会因频繁收缩而堆积乳酸，导致肌肉疲劳和僵硬。本环节设计了"软软糖"的拉伸活动，用于帮助幼儿缓解这种不适感。通过静态拉伸和动态拉伸，能够促进儿童身体血液循环，加快代谢废物的排出，提高肌肉的恢复速度。

（二）活动具体步骤

（1）教育意义的讲解：在开始活动前，教师向幼儿简要解释肌肉酸痛的形成原因以及放松肌肉的重要性。

（2）开始动作：教师引导幼儿分散坐于软垫上，两腿并拢向前伸直，双手放在身体两侧支撑，双腿上下弹动10秒。

（3）动作深入：两腿分开且伸直，脚尖朝上，慢慢俯身伸直双臂向前，双手尽量伸到自己能力范围内最远处，并保持7~10秒。

（4）放松呼吸：完成肌肉拉伸后，进行一系列放松呼吸练习，帮助幼儿平复心跳，进一步放松身心。

注意事项

（1）确保所有的动作都在教师的监督下进行。

（2）注意幼儿拉伸的力度和静态保持时间。

（三）总结鼓励

在活动结束时，教师将所有幼儿集合到一起进行总结鼓励，并仔细回顾本节课中练习的同手同膝爬行和异手异膝爬行的动作要领。教师要强调保持正确爬行姿势的重要性，例如同手同膝爬行时手膝协调地前进，以及异手异膝爬行时对侧手膝的同步动作。这些技巧不仅能帮助幼儿提高爬行效率，还能使他们体验运动的乐趣。此外，教师也要对幼儿的努力和进步给予表扬，鼓励他们将这些动作技能应用于日常活动中，以增强身体协调性和运动能力。通过这样的总结，幼儿不仅能理解爬行技巧的实际应用，而且会增加对体育学习的自信和热情。

四、家庭总动员

家庭总动员的目的是将幼儿园的教学延伸到家庭环境中，增强家庭成员间的互动，巩固和拓展幼儿在幼儿园学到的运动技能和知识。共同参与的家庭活动不仅可以加深幼儿对同手同膝爬行和异手异膝爬行方式的理解，还能在家庭的支持和鼓励下，增强他们的自信心和自我效能感。此外，这一部分的设计也意在鼓励家长更加积极地参与到幼儿的日常学习中，共同创建充满爱与学习氛围的家庭环境。基于此，本环节设计了三项家庭活动，鼓励家长与幼儿共同参与，以加强家庭成员间的互动，促进幼儿的综合发展。

1. 动画时间到

家长与幼儿一起观看一部以"团队冒险与地形突破"为主题的动画片，动画片要重点呈现以下情节。

（1）动物团队通过异手异膝爬行穿越低矮隧道（如躲避天敌的追捕）。

（2）角色用原地纵跳触发机关（如跳起拍打藤蔓打开通路）。

观看结束后，家长和幼儿进行以下互动。

（1）讨论：动物爬行时，左手和右膝为什么总是一起动？这样会爬得更稳吗？

（2）试试像动物一样，爬三步后站立，然后跳起来击掌庆祝。跳跃后，模仿角色"抖抖身体甩掉泥土"进行放松。

2. 绘本小世界

家长与幼儿一起阅读一本以"策略与互助"为主题的绘本，绘本要描述以下情节。

（1）根据不同地形切换移动方式（在草地区用爬行方式移动以节省体力，在岩壁区用跳跃方式移动以跨越裂缝）。

（2）通过"你推我拉"的方式，互相帮助，共同完成陡坡爬行任务。

阅读结束后，家长和幼儿进行以下互动。

（1）讨论：如果爬行时遇到小水坑，直接过去好，还是绕开好？为什么？

（2）鼓励幼儿尝试用毛绒玩具演示一次"先爬行观察，再跳跃通过"的动作。

互动过程中，家长结合实物操作（如用书本搭建斜坡），帮助幼儿将抽象策略具象化。

3. 一起动一动

（1）伸展双臂：每组10秒，共做2组，有助于增强上肢力量和灵活性。

（2）同手同膝爬行：每组15秒，共做2组，爬行过程中注意动作的协调性。

（3）异手异膝爬行：每组15秒，共做2组，注意爬行时保持身体的平衡与协调。

4. 中间休息

每项练习之间休息 15 秒，帮助幼儿恢复体力，避免过度疲劳。

5. 奖励措施

为了鼓励幼儿在家积极参与这些活动，教师可以提议开展一项班级竞赛，通过家长提交的视频或照片证明参与情况，幼儿可以据此获得小红星奖励。这不仅增加了家庭成员参与活动的乐趣，还有助于幼儿形成持续学习和锻炼的良好习惯。通过这些精心设计的活动，幼儿不仅能在幼儿园得到学习和锻炼，还能在家与家人一起继续实践并享受学习的乐趣，使他们的身心得到全面发展。

五、活动教学评价

（一）幼儿评价

幼儿评价的目的是了解幼儿在各项活动中的表现，评价他们的技能掌握程度和行为态度，并识别他们在未来学习中需要加强的方面。这种评价有助于教师调整教学策略，更好地满足幼儿的学习需求。表 2.1 是对幼儿在本次活动中表现的具体评价。

表 2.1　对幼儿在本次活动中表现的具体评价

幼儿评价	做得好的方面（动作、态度）	还需要努力的方面
同手同脚爬行	☆☆☆☆☆	☆☆☆☆☆
异手异脚爬行	☆☆☆☆☆	☆☆☆☆☆

（二）教师教学评价与反思

第二节　爬行探险——动物王国之旅

课程目标

本节课程旨在通过一系列富有创意的爬行活动，如直线爬行和绕杆爬行，全面发展幼儿的上、下肢力量及核心力量。首先，幼儿通过模仿各种动物的爬行方式，有效提升身体的协调性和平衡能力。其次，这些爬行活动不仅能提升幼儿对身体姿势控制的技能，而且能极大地促进他们的运动表现。再次，通过模拟动物的动作，幼儿将被激发出更加活跃的思维并参与到活动中，这有助于增强幼儿的创造性思维与解决问题的能力。最后，本课程精心设计的活动旨在通过趣味十足的游戏形式，让幼儿在游戏中学习和掌握基本的身体协调技能，培养他们的观察能力和模仿能力，为幼儿日后的身体发展和认知能力的提升打下坚实的基础。

动作练习

直线爬行和绕杆爬行。

动作视频

1. 直线爬行

在直线爬行中,引导幼儿模仿不同动物的爬行方式,例如蜥蜴的迅速滑动、猫的轻盈步伐等,学习动物的移动特征,从而提升模仿能力和身体协调性。此项活动要求幼儿双眼直视前方,保持身体平衡,沿直线前进。

2. 绕杆爬行

设置若干竖立的柱子作为障碍物,幼儿需绕过这些障碍物爬行。这要求幼儿不仅要协调手脚的动作,还要在保持平衡的同时能够灵活地改变方向和速度。此训练不仅可以加强幼儿的空间感知能力,还能够提升其身体控制能力。

活动要领

(1) **身体重心的平稳控制**:在直线爬行和绕杆爬行活动中,指导幼儿掌握控制自己的身体重心的方法是非常关键的。在模仿动物爬行时,教师应指导幼儿学习如何分配体重,以保持身体稳定。例如:模仿蜥蜴时,幼儿应学会如何将身体保持贴近地面,通过平稳活动和均匀分配体重来支持身体快速和流畅地移动。这不仅能提高爬行的速度,也有助于维持身体稳定性,避免在爬行过程中摇摆或倾倒。

(2) **注意视线的控制**:在直线爬行中,教师应指导幼儿眼睛直视前方,注视一个固定点,这有助于他们保持行进方向为直线,避免偏离轨道。而在绕杆爬行时,幼儿需要学会如何根据前方的障碍物调整视线,预测和计划他们的移动路径。这样的视线控制训练不仅能提高他们对前方障碍的反应能力,还能增强他们预测和处理复杂行走路线的能力。

(3) **手脚协调用力**:在爬行时有效协调手脚的运动至关重要,尤其是在需要快速适应和改变移动策略的绕杆爬行中。教师应指导幼儿如何同步和协调手脚的动作,例如:在同手同脚爬行时,同侧的手和脚同时前进,而在异手异脚爬行时,则是对侧的手脚进行配合。通过重复练习,幼儿可以提高其肢体的协调性,使爬行更加高效和流畅。同时,强调在各种爬行活动中适时地使用手脚推动身体,以达到更好的移动效果和速度。

活动目标

1. 知识目标

通过直线爬行和绕杆爬行的练习，提高幼儿对爬行正确动作的认识；让幼儿了解直线爬行和绕杆爬行的基本动作要领及安全注意事项。

2. 能力目标

通过直线爬行和绕杆爬行的练习，强化幼儿的核心力量，锻炼幼儿的手脚协调能力。同时，提高幼儿的身体控制能力和空间感知能力，使他们能够更好地掌握自身和周围环境的关系。

3. 素质目标

通过直线爬行和绕杆爬行的练习，激发幼儿对爬行活动的兴趣，增强他们参与游戏和运动的积极性。通过克服爬行中遇到的困难，培养幼儿的勇气和坚持不懈的精神，教育他们面对挑战时不畏惧、不轻易放弃。此外，还可以提高幼儿的反应能力和专注力，通过连续的练习和游戏，提升他们的自信心和自我效能感。

活动重难点

1. 重点

活动的重点在于爬行方向的控制、双手主动前伸支撑和双脚有力蹬地。这些技能的掌握是确保幼儿能够有效、安全地完成爬行任务的关键。爬行方向的控制不仅涉及视觉和空间感知能力的应用，也需要幼儿能够预判并调整其移动路线。同时，幼儿双手的前伸支撑不仅能够帮助稳定身体，还能够预防面部与前方物体发生撞击伤害，而双脚的有力蹬地则是推动身体向前移动的主要动力来源。

2. 难点

活动的难点在于上、下肢的协调配合以及身体核心的收紧。上、下肢的协调配合是爬行效率和安全性的基础，需要幼儿在动作实践中不断调整和优化。此外，身体核心的控制不仅影响整体的运动效率，还关系到能否防止因姿势不当而引发潜在伤害。教师需要通过引导和练习，帮助幼儿掌握这些技能，确保他们在活动时既高效又安全。

活动内容

一、身体总动员——动物模仿秀

（一）活动目的

本活动旨在通过动物模仿游戏，激活幼儿的身心状态，达到热身目的的同时激发幼儿的运动兴趣，增强他们的身体协调性和平衡能力。此外，本活动通过团队合作鼓励幼儿学习社交技能，增进幼儿对动物行为的理解，同时培养幼儿的创造力和观察力。

（二）场地器材

1. 场地需求

在场地中心放置彩虹垫作为活动的终点区域。

2. 器材准备

准备好动物图片卡作为选择动物的辅助工具；准备好音乐播放设备，播放各种动物的声音，增加活动的真实感和趣味性。

（三）活动具体步骤

1. 选择动物

每个小组从教师准备的动物图片卡中选择一种动物进行模仿。选择前，教师简要介绍每种动物的基本特征和行为，帮助幼儿更好地理解并做出选择。

2. 模仿练习

在教师的引导下，幼儿在活动区内模仿选定动物的行走或爬行方式，并进行练习。小组成员可以互相观察，提供反馈，共同完善动作。

3. 动态展示

练习后，小组成员将在场地内进行模仿，向其他小组展示他们的模仿成果。

4. 目标达成

展示完毕后，小组的每名成员需模仿该组动物行走，到达场地中央的彩虹垫上，象征着安全返回"家"。

（四）注意事项

（1）在活动开始前，教师需确保所有幼儿均了解各项安全规则，特别是在模仿动物行为时，提示幼儿避免做出剧烈或可能受伤的动作。

（2）教师应密切关注整个活动进程，确保幼儿之间保持安全距离，以及幼儿在活动过程中的参与情况,并在必要时给予指导和帮助。

(3)活动结束后,组织幼儿进行简短的分享,每个小组可以分享他们模仿的动物和学习到的新知识,以增强学习效果。

二、能量大爆发——爬行探险

(一)活动目的

本次活动旨在通过模拟动物的爬行方式,带领幼儿进入充满想象的动物王国。本活动通过一系列的爬行活动,能够增强幼儿身体的协调性和平衡能力,同时提高幼儿对动物行为的理解和模仿能力。此外,通过团队合作和竞技挑战,既能激发幼儿的运动兴趣,也能培养他们的观察能力和社交技能。

(二)场地器材

1. 场地需求

宽敞平坦的室内或室外活动场地,确保每名幼儿有足够的活动空间。

2. 器材准备

场地内应铺设彩虹垫以保证安全;赛道两侧设有障碍物,如软垫或轻便隔栏,以增加游戏的趣味性和挑战性;此外,应设置好起跑线标志。

(三)活动具体步骤

1. 任务一:动物爬行模仿秀

(1)动物介绍:教师首先利用视频或图片展示各种动物的爬行方式,并详细讲解它们的行动特点,如猫的轻盈、熊的缓慢、蜥蜴的灵活等。通过对比不同动物的爬行方式,幼儿可以更直观地理解各种爬行技巧的差异和适用场景。

(2)分组模仿:幼儿分成若干小组,每组根据兴趣选择一种动物进行深入模仿。教师走访各组,提供具体的动作指导和建议。教师的指导应确保幼儿不仅模仿动作,还要引入动物的习性和行为特征,使模仿更加生动和真实。

(3)直线爬行练习:在铺设好的彩虹垫上,每组幼儿轮流展示他们的模仿成果。在这一过程中,其他幼儿和教师为表演者加油助威,营造积极的学习氛围。

2. 任务二:快乐动物障碍赛

(1)起跑准备:幼儿在起跑线上按自己选择的动物爬行方式排好队,准备接受挑战。每名幼儿都充满期待,准备展示他们的爬行技巧。

(2)障碍赛道设置:教师在赛道上布置多种障碍物,如软垫和小圆柱,这些障物模拟了动物在自然环境中可能遇到的障碍，旨在进一步强化幼儿的爬行技能，同时考验幼儿的灵活应对能力。

（3）爬行竞赛：在教师下达开始指令后，幼儿开始他们的爬行竞赛，并努力通过每一个障碍物，争取成为第一个到达彩虹垫终点区的"小动物"。比赛中，教师密切观察现场，确保所有幼儿的安全，并及时指导需要帮助的幼儿。

小贴士

确保每次爬行时手脚交替移动，且在追求速度的同时，保持身体的平稳和动作的准确。

（四）注意事项

（1）场地安全：确保活动场地平整，无尖锐或硬质物品，以防幼儿受伤。

（2）安全监督：教师应密切关注幼儿的整体活动，确保每名幼儿都保持适当的安全距离，避免碰撞。

三、动力回收站——小鱼挺肚

（一）活动目的

在进行充分的运动后，尤其是像模仿动物爬行这样的活动，幼儿的肌肉会经历频繁的收缩，导致乳酸堆积。乳酸堆积不仅会造成肌肉疲劳，还可能引起轻微的不适。因此，进行适当的静态拉伸是至关重要的，这不仅有助于缓解肌肉疲劳，还能促进血液循环，加快代谢废物的排出，帮助肌肉恢复。本环节设计了"小鱼挺肚"的拉伸活动，静态拉伸是每次运动后的必要环节，对于保持幼儿肌肉和关节的健康发展尤为关键。

（二）活动具体步骤

（1）准备姿势：幼儿跪坐在彩虹垫上，膝盖略微分开，臀部坐在脚跟上，保持脊柱直立。

（2）开始动作：指导幼儿缓缓地将头向后仰，同时双手沿着身体两侧往下滑，尝试触碰脚踝。教师需注意引导幼儿做到动作流畅自然，避免过度用力。

（3）深化拉伸：稳定地触碰脚踝后，幼儿可以尝试将手掌往大腿内侧滑动，进一步拉伸大腿前侧的肌肉和髂腰肌。教师应在旁边协助，确保每名幼儿都能正确且安全地完成这一动作。

（4）保持姿势：鼓励幼儿保持此拉伸姿势7～10秒，深呼吸，感受肌肉的舒展。

（5）缓慢恢复：引导幼儿缓慢地将手从腿部移回初始位置，同时头部也逐渐恢复至正常位置，避免快速动作可能引起的眩晕。

注意事项

（1）全程观察：在进行拉伸时，教师必须密切观察每一名幼儿的动作，确保他们不会过度后仰，避免颈部或背部受伤。

（2）个别调整：考虑到不同幼儿的柔韧性和舒适度，教师应根据每名幼儿的实际情况进行个别指导，确保所有动作在舒适和安全的范围内进行。

（三）总结鼓励

在所有活动结束后，教师将所有幼儿集合到一起，鼓励幼儿们为自己和同伴的努力鼓掌，并强调团队合作的重要性。围绕正确的爬行姿势进行总结时，教师要积极肯定幼儿的表现，还要指导他们如何在日常生活中应用这些技能，以提高自我保护意识。在活动尾声，教师要鼓励幼儿在未来活动中保持积极性和团队合作精神，帮助他们理解通过协作和自我管理可以更好地应对挑战。这不仅能够提升幼儿的自信心，也能加深他们对学到的知识的理解。

四、家庭总动员

家庭总动员的目的是将幼儿园的教学延伸到家庭环境中，增强家庭成员间的互动，巩固和拓展幼儿在幼儿园学到的运动技能和知识。共同参与的家庭活动，不仅可以加深幼儿对直线爬行和绕杆爬行方式的理解，还能在家庭的支持和鼓励下，增强他们的自信心和自我效能感。此外，这一部分的设计也意在鼓励家长更加积极地参与到幼儿的日常学习中，共同创建充满爱与学习氛围的家庭环境。基于此，本环节设计了三项家庭活动，帮助教师鼓励家长与幼儿共同参与，以加强家庭成员间的互动，促进幼儿的综合发展。

1. 动画时间到

家长与幼儿一起观看一部以"团队冒险与地形突破"为主题的动画片，动画片要重点呈现以下情节。

（1）动物团队通过直线爬行穿越狭窄隧道（保持身体笔直）。

（2）角色用绕杆爬行的方式躲避滚动的障碍物（如"S"形爬行绕过滚石）。

观看结束后，家长和幼儿进行以下互动。

（1）讨论：动物爬行时为什么要保持直线？如果歪歪扭扭会怎么样？

（2）试试像动物一样，爬三步后站立，然后跳起来击掌，落地时像猫咪一样轻盈。跳跃后，模仿角色"抖动身体甩掉泥土"进行放松。

2. 绘本小世界

家长与幼儿一起阅读一本以"勇气与智慧"为主题的绘本，绘本要描述小动物团队通过混合移动策略完成以下任务：

（1）直线爬行穿越荆棘丛（节省体力）。

（2）绕杆爬行，绕过毒蘑菇陷阱。

（3）原地纵跳摘取高处的求救信号旗。

阅读结束后，家长和幼儿进行以下互动。

（1）讨论：如果遇到又窄又长的山洞，哪种爬行方式最安全？

（2）鼓励幼儿用积木搭一个"山洞—陷阱—高台"的闯关路线。

互动过程中，家长结合实物操作，帮助幼儿将策略思维具象化。

3. 一起动一动

（1）伸展双臂：每组10秒，共做2组，帮助幼儿放松肩膀和背部肌肉。

（2）猫爬：每组15秒，共做2组，鼓励幼儿模仿出猫的柔软和敏捷的特点。

（3）熊爬：每组15秒，共做2组，加强幼儿的手脚协调能力和手部与脚部力量。

4. 中间休息

每组动作之间休息15秒，确保幼儿不会过度疲劳。

5. 奖励措施

为了鼓励幼儿在家积极参与这些活动，教师可以提议开展一项班级竞赛，通过家长提交的视频或照片证明参与情况，幼儿可以据此获得小红星奖励。这不仅增加了家庭成员参与活动的乐趣，还有助于幼儿形成持续学习和锻炼的良好习惯。通过这些精心设计的活动，幼儿不仅能在幼儿园得到学习和锻炼，还能在家与家人一起继续实践并享受学习的乐趣，使他们的身心得到全面发展。

五、活动教学评价

（一）幼儿评价

幼儿评价的目的是了解幼儿在各项活动中的表现，评价他们的技能掌握程度和行为态度，并识别他们在未来学习中需要加强的方面。这种评价有助于教师调整教学策略，更好地满足幼儿的学习需求。表 2.2 是对幼儿在本次活动中表现的具体评价。

表 2.2　对幼儿在本次活动中表现的具体评价

幼儿评价	做得好的方面（动作、态度）	还需要努力的方面
直线爬行	☆☆☆☆☆	☆☆☆☆☆
绕杆爬行	☆☆☆☆☆	☆☆☆☆☆

（二）教师教学评价与反思

_____

_____

_____

_____

_____

_____

_____

_____

_____

_____

第三章 幼儿身体活动——行走

第一节 扫雷小能手

课程目标

本节课程旨在通过练习直线走和曲线走，全面发展幼儿的下肢力量和身体平衡能力，从而提高幼儿的动作技能。这些活动不仅能够帮助幼儿掌握基本的行走技巧，还能通过曲线走等具体的行走方式，教会他们如何在变化的环境中维持身体的稳定性和协调性。

动作练习

直线走和曲线走。

动作视频

1. 直线走

行走时，上身需要保持挺拔，避免前倾或后仰。双臂应自然下垂至身体两侧，轻微地随步伐摆动，帮助维持平衡。步伐应从脚跟先接触地面，逐渐转移至脚尖，以确保行走的平稳性和连贯性。

2. 曲线走

曲线走则更加强调身体的侧向控制和协调性。在进行曲线走时，幼儿需微微侧倾身体，以配合腿部的动作来应对转弯。大腿主动带动小腿，同时脚跟先落地，再平滑地过渡到脚尖。确保每一步都贴合身体侧倾的角度，保持行走的流畅性。

活动要领

（1）**身体核心的控制**：在进行直线走和曲线走时，行进间应保持收腹、抬头、挺胸，控制好身体核心。身体核心即身体的中部区域，包括腹部和下背部。教育幼儿如何通过收紧核心肌肉来更好地维持平衡和稳定。在直线走和曲线走中，一个稳定的核心可以帮助幼儿保持正确的姿态，减少摇晃，提高行走效率。

（2）**视线方向的控制**：指导幼儿在行走时控制好视线。在直线走时，应将视线定焦在前方某个固定的点上，这有助于保持行进方向的直线性。而在曲线走中，视线则应随着转弯的方向适当转移。教师应指导幼儿通过视线引导身体动作，从而顺利完成曲线行走。

（3）**步速的控制**：指导幼儿掌握不同步速下的行走技巧。在直线走中，可以通过逐渐增加行走速度来提高幼儿的平衡能力和步伐调整能力。在曲线走时，则需要教授幼儿如何在转弯时适当减速，以确保安全和行走方向的准确性。

活动目标

1. 知识目标

本活动旨在提高幼儿对行走动作的基本认识，使他们了解并掌握直线走和曲线走的基本动作要领以及相关注意事项。通过系统的学习，幼儿能准确理解行走时的动作细节，如正确的身体姿势、步伐的控制和视线的调整。这将帮助他们在日常活动中更加自如地运用这些技能，从而提高他们运动的效率和安全性。

2. 能力目标

通过直线走和曲线走的练习，幼儿将掌握这两种行走方式的技巧。这些活动专注于锻炼幼儿的下肢力量，能显著提高他们的身体协调能力。幼儿将学习如何有效地利用自身的肌肉群，来支持更复杂的运动模式，如在曲线路径上维持身体平衡和行走速度，这对于他们以后参与各种体育和游戏活动极为重要。

3. 素质目标

本活动不仅可以提高幼儿的身体素质，更重要的是，通过行走练习能够激发幼儿对此类活动的兴趣，提升他们的专注力和反应力，让他们在不断的挑战中收获成功的体验，进而增强自信心。通过积极参与活动和互动，幼儿能够体验到运动的乐趣，同时也能培养坚持不懈的品质。这些体验对于幼儿的情感和社交发展有着深远的影响。

活动重难点

1. 重点

（1）前进方向的控制：指导幼儿通过调整和控制自己的视线和身体动作，在直线走和曲线走中保持正确的前进方向。

（2）双脚积极蹬地发力：指导幼儿在行走过程中正确使用脚部力量，从脚跟到脚尖的过渡要平滑，每一步都需要有意识地用力，以提供足够的动力推动身体前行。

2. 难点

（1）上、下肢的协调配合：教育幼儿协调上肢和下肢的运动，这是行走技巧中较为复杂的部分，尤其是在曲线走时，需要幼儿在保持上身稳定的同时，灵活调整脚步和身体倾斜角度。

（2）身体姿势的控制：训练幼儿在行走过程中保持正确的姿势，如保持背部直立、腹部收紧，这对于维持身体整体的平衡和稳定非常关键。

活动内容

一、身体总动员——小火车

（一）活动目的

本活动旨在通过模拟小火车行驶，激活幼儿的身心状态，在达到全方位热身的同时激发幼儿的运动兴趣，提高幼儿的身体协调性和团队合作能力。通过跟随"火车头"（教师）移动，幼儿将学习如何在移动中保持队形，同时练习控制行走速度和前进方向。此活动不仅能帮助幼儿提高身体素质，还能培养他们的专注力和遵守规则的意识，同时能增进集体意识，增强协作精神。

（二）场地器材

1. 场地需求

一个宽敞且平坦的室内或室外场地，无尖锐边缘或硬质的危险物体。

2. 器材准备

可视化的轨道标记和起始或终点标志，以帮助幼儿更好地控制行进方向和距离，同时增加游戏的趣味性和真实感。

（三）活动具体步骤

1. 活动准备

教师在活动开始前向幼儿进行简短介绍，说明活动的规则和目标，并演示如何模拟小火车的动作和声音，激发幼儿的兴趣。

2. 排成一列

幼儿在教师的指导下排成一列，模拟火车车厢的队形。教师作为"火车头"，带领幼儿慢慢绕场地行走。

3. 绕行两圈

教师带领幼儿绕场地行走两圈。第一圈以较慢的速度行走，让幼儿适应跟随队形的节奏和保持队形的间距。第二圈可以适当提高速度，增加活动的挑战性。

4. 结束整理

在绕行两圈后，教师引导幼儿缓缓停下，进行简短的反馈交流，询问幼儿对活动的感受，并对表现出色的幼儿给予表扬。

（四）注意事项

（1）安全优先：确保所有幼儿都理解在整个活动中需要遵循的安全规则，例如保持适当的距离和不能突然停止或改变方向。

（2）监督指导：教师需全程监督幼儿的行为，确保每名幼儿都能安全地参与活动，及时纠正不当行为或消除潜在的安全隐患。

二、能量大爆发——扫雷小能手

（一）活动目的

本活动旨在提升幼儿的空间感知能力、快速反应能力和身体协调能力。通过直线走和曲线走穿越设有模拟"地雷"的路线，幼儿将学习如何在需要精确步伐和高度集中注意力的环境中快速作出决策。这些技能的练习不仅能提升幼儿的行走能力，还能培养他们的观察能力和解决问题的能力。

（二）场地器材

1. 场地需求

选择一个室内或室外的宽敞且平坦的区域，地面需为草地或铺设软垫以保证安全。

2. 器材准备

使用可移动的小圆锥、彩色布带或小垫子作为"地雷"，布置在预定的行走路线上。确保所有"地雷"颜色鲜明，易于识别。

（三）活动具体步骤

1. 任务一：避开"地雷"

幼儿排成一行，跟随在教师后面，穿越摆满"地雷"的区域。教师引领幼儿安全通过"地雷"区，同时示范如何正确行走和避开障碍。

（1）教师演示如何在"地雷"区安全行走，并强调观察地面和预测路径的重要性。

（2）幼儿依次跟随教师，尝试模仿教师的步伐和路径选择，学习如何在不触碰"地雷"的情况下完成行走。

（3）教师在活动过程中及时予以反馈，帮助幼儿调整步伐和体态，确保每名幼儿都能理解并掌握避开"地雷"的技巧。

2. 任务二：冲过"地雷"区

将幼儿分成若干小组，开展穿越"地雷"区竞赛，能最快到达终点且触碰到的"地雷"数量最少的一组获胜。

（1）每组幼儿从起点开始，快速且小心地穿越设置好的"地雷"区。

（2）教师记录每组触碰到的"地雷"数量和完成时间，用以评出表现最好的一组。

（3）比赛结束后，进行讨论和回顾，教师和幼儿共同分析哪些策略效果最好，哪些需要改进。

小贴士

在直线走和曲线走时，注意控制身体姿态，可通过适当的手臂摆动来调整身体姿态并保持平衡。

（四）注意事项

（1）确保所有的"地雷"都是软质材料，避免幼儿在触碰时受伤。

（2）教师应全程监督，确保每名幼儿的安全，特别是在快速移动时，要提醒幼儿注意落脚点，避免发生意外。

三、动力回收站——小海豚仰头

（一）活动目的

在剧烈的体育活动之后，幼儿的肌肉由于堆积了乳酸而出现疲劳和不适。本环节专注于通过静态拉伸，帮助幼儿放松紧张的肌肉，促进血液循环，并有效缓解运动后的肌肉疲劳。本环节设计了"小海豚仰头"的拉伸活动，正确的拉伸可以防止肌肉僵硬和疼痛，是每次运动后都不可或缺的部分。

（二）活动具体步骤

（1）准备姿势：幼儿在垫子上平趴，双腿自然伸直，脚尖轻触地面。

（2）开始动作：幼儿双手撑地，慢慢挺直双臂，抬起上半身。在这个过程中，教师应确保幼儿的手臂完全伸直，肩膀放松。随着上半身抬起，幼儿应自然地仰起头部，使颈部和腹部肌肉得到充分伸展。

（3）保持姿势：保持这一姿势7～10秒，让幼儿感受颈部和腹部肌肉的拉伸。然后，引导幼儿慢慢放低身体，返回起始平趴的姿势。

（4）重复拉伸：重复此动作3次，每次尽量增加伸展的幅度，以增强拉伸效果。

（5）放松呼吸：完成肌肉伸展后，再进行一系列放松呼吸练习，从而帮助幼儿平复心跳，进一步放松身心。

注意事项

（1）安全监督：教师需要密切监督幼儿的动作，确保拉伸时不要过度弯曲脊柱或过度仰头，防止发生损伤。

（2）个别调整：考虑到幼儿的柔韧性不同，教师应根据幼儿的实际情况进行个别指导，确保所有动作都在舒适安全的范围内进行。

（三）总结鼓励

本活动结束之前，教师对本活动表现出色和积极尝试的幼儿进行特别表扬和奖励，以增强他们对活动参与的热情和自信心，并根据他们的表现颁发奖励，如"优秀行走小明星"徽章或者"最佳进步奖"证书。此外，教师在围绕直线走和曲线走的动作技能进行总结时，要强调这些技能在日常生活中的实用性及其对身体协调性和平衡能力的长期益处。本环节通过讨论和回顾本活动的关键点，帮助幼儿更深刻地理解所学的技能，同时提高他们将所学应用到其他活动中的能力。

四、家庭总动员

家庭总动员的目的是将幼儿园的教学延伸到家庭环境中，增强家庭成员间的互动，巩固和拓展幼儿在幼儿园学到的运动技能和知识。共同参与的家庭活动，不仅可以加深幼儿对直线走和曲线走方式的理解，还能在家庭的支持和鼓励下，增强他们的自信心和自我效能感。此外，这一部分的设计也意在鼓励家长更加积极地参与幼儿的日常学习，共同创建充满爱与学习氛围的家庭环境。基于此，本环节设计了三项家庭活动，帮助教师鼓励家长与幼儿共同参与，以加强家庭成员间的互动，促进幼儿的综合发展。

1.动画时间到

家长与幼儿一起观看一部以"森林探险队"为主题的动画片，动画片要重点呈现以下情节。

（1）动物团队以直线走的方式走过独木桥（双臂平举保持平衡）。

（2）角色用曲线走的方式绕过毒蘑菇陷阱（"S"形路线避开危险）。

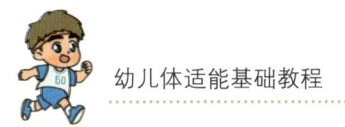

观看结束后，家长和幼儿进行以下互动。

（1）讨论：小动物直线走时为什么要张开手臂？像小飞机一样飞得更稳吗？

（2）挑战直线走 5 步，然后曲线绕 3 圈，最后跳起来摸门框。跳跃后，模仿角色"抖落树叶"（抖动四肢、深呼吸）放松。

2. 绘本小世界

家长与幼儿一起阅读一本以"地形探索与互助"为主题的绘本，绘本要描述角色团队规划并绘制路线地图（直线快速通道、曲线安全路线）的情节。

阅读结束后，家长和幼儿进行以下互动。

（1）讨论：如果直线走时遇到裂缝，是跳过去还是绕开更安全？

（2）鼓励幼儿用玩具车在地上设计一条"直线—曲线—跳跃点"的救援路线。

3. 一起动一动

（1）螃蟹侧走：每组 15 秒，共做 2 组。这种走法会促使幼儿使用不同于正常前进时用到的肌肉群，有助于提高幼儿身体两侧的协调性。

（2）曲线走：每组 15 秒，共做 2 组。在绘制好的曲线路径上行走，要求幼儿调整他们的步伐以适应曲线的变化，这有助于提高他们的平衡感和协调性。

4. 中间休息

每项练习之间休息 15 秒，帮助幼儿恢复体力，避免过度疲劳。

5. 奖励措施

为了鼓励幼儿在家积极参与这些活动，教师可以提议开展一项班级竞赛，通过家长提交的视频或照片证明参与情况，幼儿可以据此获得小红星奖励。这不仅增加了家庭成员参与的乐趣，还有助于幼儿形成持续学习和锻炼的良好习惯。通过这些精心设计的活动，幼儿不仅能在幼儿园得到学习和锻炼，还能在家中与家人一起继续实践和享受学习的乐趣，使他们的身心得到全面发展。

五、活动教学评价

（一）幼儿评价

幼儿评价的目的是了解幼儿在各项活动中的表现，评价他们的技能掌握程度和行为态度，并识别他们在未来学习中需要加强的方面。这种评价有助于教师调整教学策略，更好地满足幼儿的学习需求。表 3.1 是对幼儿在本次活动中表现的具体评价。

表 3.1 对幼儿在本次活动中表现的具体评价

幼儿评价	做得好的方面（动作、态度）	还需要努力的方面
直线走	☆☆☆☆☆	☆☆☆☆☆
曲线走	☆☆☆☆☆	☆☆☆☆☆

（二）教师教学评价与反思

第二节 时光倒流

课程目标

本节课程旨在通过后退走的练习，强化幼儿的腿部肌肉力量，同时提升幼儿的身体控制能力和整体运动表现。后退走是一种有效的运动方式，不仅可以增强幼儿的肌肉力量，还能帮助他们在运动中提高空间感知能力和反应速度，是体育活动中重要的基础技能。

动作练习

后退走。

动作视频

后退走是一种技巧性较高的行走方式，要求幼儿在行走时用前脚掌轻触地面，再逐步过渡至脚跟，这种从前脚掌到脚跟的平滑过渡有助于增加脚接触地面时身体的稳定性。在后退走的过程中，幼儿应保持上身直立，避免过度前倾或后仰，这样可以降低跌倒的风险。

活动要领

（1）**脚部动作**：后退走时，幼儿需要利用前脚掌轻触地面，然后缓缓将身体重心转移至脚跟，确保每一步都稳固有力。这种方式有助于身体保持良好的动态平衡，从而提高行走的稳定性。

（2）**上身姿势**：保持上身放松而直立是后退走的关键。教师应指导幼儿保持脊柱自然直立，避免在行走过程中摇晃身体。

（3）**上、下肢的协调发力**：为了增强身体的平衡，幼儿在后退走时应自然屈肘，手臂随着步伐轻微摆动。这种手臂的动作不仅有助于保持平衡，还能增加动作的协调性。

活动目标

1. 知识目标

通过本活动，提高幼儿对正确行走动作的认识，使幼儿进一步了解后退走的动作要领和相关的安全注意事项。通过详细的示范和指导，幼儿将学习如何正确后退走，包括脚步的放置、身体的姿态调整以及维持视线的方向，确保在后退走过程中的安全与效率。

2. 能力目标

后退走的训练活动，能使幼儿学会后退走的动作技能，锻炼幼儿的腿部后侧肌肉，提高他们的身体协调能力和动作控制能力。通过练习，幼儿将学会如何有效地控制身体的重心，保持平稳的步伐，以及如何准确地进行脚步交换。

3. 素质目标

通过本活动激发幼儿对行走活动的兴趣，并通过克服后退走中遇到的困难，培养幼儿不畏挑战、敢于尝试的良好品质。同时，活动中的各种挑战将帮助幼儿提升专注力，提高反应能力，并在成功完成任务后增强自信心。通过这些综合训练，幼儿将在活动中发展身心，建立积极向上的人生态度。

活动重难点

1. 重点

活动的重点是如何正确地移动重心以保持平衡，特别是在后退走时如何将重心略微前移，并通过双脚有力蹬地，有效地交换步伐，以保持行进的连续性和稳定性。

2. 难点

活动的难点是如何使幼儿学会上、下肢的协调发力。幼儿需要在教师的指导下不断练习，通过游戏和具体任务来实际应用这些技能，以增强身体感知能力和控制能力。

活动内容

一、身体总动员——蚕宝宝

（一）活动目的

本活动旨在通过模拟蚕宝宝蜷曲的动作，激活幼儿的身心状态，在达到热身目的的同时锻炼幼儿的核心肌群力量，提升身体柔韧性和平衡能力。通过这一活动，幼儿将学习如何控制和协调自己的身体动作，同时通过趣味性的模拟游戏，激发他们探索自然的兴趣。

（二）场地器材

1. 场地需求

一个宽敞且地面平坦的室内场地。

2. 器材准备

每人一块体操垫或者瑜伽垫。

（三）活动具体步骤

1. 准备阶段

教师首先向幼儿展示蚕宝宝的图片，讲解其生活习性及为何需要蜷曲身体，以此引入活动主题。

2. 示范阶段

教师在瑜伽垫上示范蜷曲动作，确保幼儿理解每一个分解动作。

3. 实践阶段

幼儿模仿教师示范，先用一条腿做蜷曲动作，动作是膝盖半弯抵至胸部，双手抱住膝盖，尽量让膝盖紧贴胸部，保持这一姿势几秒钟；然后，换另一条腿重复做相同的动作；最后，尝试双腿同时进行蜷曲，模拟蚕宝宝完全蜷曲的状态。

4. 互动阶段

让幼儿相互观察并给予同伴正面的反馈，教师在一旁指导和纠正动作。

（四）注意事项

（1）安全监督：在做蜷曲动作时，教师全程监督，确保每名幼儿的动作都是安全的，避免因动作过猛而造成拉伤，并及时提供帮助和指导。

（2）个体差异：教师应注意观察每名幼儿的身体柔韧性和运动能力的差异，鼓励他们根据自身能力调整动作幅度。

二、能量大爆发——时光倒流

（一）活动目的

本活动旨在通过后退走的方式，锻炼幼儿的身体协调性和平衡能力。后退走是一种有效的运动形式，它不仅能加强幼儿的下肢力量，还能提高他们的空间感知能力和反应速度。此外，本活动通过模拟与时间赛跑的游戏形式，来提高幼儿的运动热情，增强幼儿的团队协作精神，同时培养幼儿的竞争意识和勇于迎接挑战的精神。

（二）场地器材

1. 场地需求

宽敞平坦的室内或室外活动场地，确保每名幼儿有足够的活动空间。

2. 器材准备

使用彩色锥标、绳子或粉笔画出后退行走的路径及起跑线，确保路线清晰可见，以便幼儿能够轻松识别。如有必要，在赛道两侧放置安全垫，防止幼儿跌倒时受伤。

（三）活动具体步骤

1. 任务一：抓住时间

（1）准备阶段：教师向幼儿解释后退走的重要性及其基本技巧，演示正确的后退姿势，即脚尖着地，身体重心逐渐转至脚跟，身体保持直立。

（2）实操阶段：幼儿排成一行，教师站在队伍前面示范。教师缓慢后退，幼儿模

仿教师的步伐和速度,注意保持身体平衡。教师边走边观察幼儿的动作,提供即时的指导和调整。教师带领幼儿尝试在保持平衡的同时提高后退的速度。

(3)总结反馈:活动后,教师点评幼儿在活动中的表现,强调正确技巧的重要性,并让表现优异的幼儿做示范。

2.任务二:和时间赛跑

(1)准备阶段:教师在场地上设置好明确的起跑线和终点线,确保所有幼儿都理解比赛规则。

(2)分组行动:将幼儿分成两组,每组站在指定的起跑线上。

(3)比赛开始:在教师的指令下,幼儿开始向后快速行走,尽力到达终点。教师注意观察比赛过程,确保幼儿的安全。教师记录每组的完成时间以确定胜者。

(4)比赛总结:比赛结束后,对表现出色的幼儿予以表扬,并鼓励所有参与者,同时点评可以改进的地方。

(1)在后退走过程时,注意保持身体的稳定,确保幼儿与幼儿之间的安全距离。

(2)在比赛过程中,幼儿可以通过适度的手臂摆动来提高后退走的速度和稳定性。

(四)注意事项

(1)确保活动场地平整且没有尖锐或危险的物品。

(2)教师应密切关注每个幼儿的表现,确保所有参与者之间的安全距离,特别是在快速移动时。

三、动力回收站——大鹏展翅

(一)活动目的

在体育活动后进行恰当的肌肉放松和拉伸是至关重要的。本环节设计了"大鹏展翅"的拉伸活动,通过静态拉伸减轻幼儿运动后的肌肉紧张和疲劳,促进乳酸的分解,提高血液循环效率。这不仅能够帮助幼儿恢复体能,还能有效预防运动伤害,帮助幼儿在后续的运动中保持更好的身体状态。

（二）活动具体步骤

（1）准备姿势：幼儿站立，双腿开立比肩稍宽，确保站稳；双手横向舒展开，与肩平行，掌心向下，确保手臂不弯曲。

（2）开始动作：慢慢转动腰部，左手尝试触及右脚踝，同时右手向上伸直，掌心向前，尽量向背后延伸，形成一个旋转和侧弯的动作。缓慢回到起始姿势，然后换另一侧，右手触及左脚踝。

（3）深化拉伸：在达到最大伸展后，尝试深呼吸，每次呼吸尽量增加拉伸的幅度，持续深化每一次的伸展。每个拉伸动作保持5～10秒，感受肌肉逐渐放松和伸展。

（4）保持姿势：在每个极限位置保持静态拉伸，注意保持均匀呼吸，避免屏气或用力过猛。保持姿势的同时，注意身体的平衡，确保动作的准确性和人身安全。

（5）缓慢恢复：在完成指定次数的拉伸后，引导幼儿慢慢恢复到舒适的站立姿势。轻轻摇晃四肢，帮助肌肉放松，缓解肌肉紧张。

注意事项

（1）场地安全：确保活动场地平整，无尖锐或硬质物品，以防幼儿在活动中受伤。

（2）安全监督：教师应密切关注幼儿的整体活动，确保幼儿之间都保持安全距离，避免碰撞。确保幼儿正确执行动作，防止过度拉伸导致的伤害。

（三）总结鼓励

在所有活动结束后，教师将幼儿聚集到一起进行总结。首先，教师为幼儿在所有活动中的努力和成就鼓掌，表扬他们在活动中展现的团队合作和勇于尝试的精神。其次，教师强调通过本次活动的练习，幼儿提高了自己的身体协调性和空间感知能力，以及这些技能在日常生活中的实际应用，例如在玩耍或进行体育活动时如何更安全地移动和避开障碍。最后，教师鼓励幼儿将学到的技能应用于未来的挑战，保持积极探索的态度。

四、家庭总动员

家庭总动员的目的是将幼儿园的教学延伸到家庭环境中，增强家庭成员间的互动，巩固和拓展幼儿在幼儿园学到的运动技能和知识。共同参与的家庭活动不仅可以加深幼儿对后退走方式的理解，还能在家庭的支持和鼓励下，增强他们的自信心和自我效能感。此外，这一部分的设计也意在鼓励家长更加积极地参与到幼儿的日常学习中，共同创建充满爱与学习氛围的家庭环境。基于此，本环节设计了三项家庭活动，帮助教师鼓励家长与幼儿共同参与，以加强家庭成员间的互动，促进幼儿的综合发展。

1. 动画时间到

家长与幼儿一起观看一部以"团队合作与安全探索"为主题的动画片，动画片要重点呈现角色通过线路标记后退走躲避障碍（如避开前方滚落的雪球和后退绕开陷阱）的情节。

观看结束后，家长和幼儿进行以下互动。

（1）讨论：动物为什么要后退？如果不后退会发生什么？

（2）鼓励幼儿像动物一样用小步慢慢后退，提醒幼儿要低头看地上的标记线。

家长要通过动画情节自然引入后退走的意义，强调观察环境与安全移动的重要性。

2. 绘本小世界

家长与幼儿一起阅读一本以"观察与策略"为主题的绘本，绘本要描述角色通过灵活移动（如后退、侧身）解决难题。

阅读过程中可以向幼儿提问：

（1）如遇窄巷子的前方因施工封路，除转身直线走外，还能如何安全地离开这个巷子？

（2）你遇到过需要后退走才能保护自己的情况吗？

家长要结合生活场景（如避开海浪、车流及迎面而来的危险），引导幼儿理解后退走的实际应用价值。

3. 一起动一动

（1）高抬腿：每组15秒，共做2组，此活动有助于增强幼儿下肢力量和协调性。

（2）后退走：每组15秒，共做2组，此活动能帮助幼儿提高平衡感和空间感知能力。

4. 中间休息

每项练习之间休息15秒，让幼儿有足够的时间恢复，确保运动效果。

5. 奖励措施

为了鼓励幼儿在家积极参与这些活动，可以通过开展班级竞赛的方式增加对幼儿的激励。例如，教师可以让家长记录、提交幼儿参与活动的情况，并根据幼儿的参与度给予小红星奖励。这不仅能够增加幼儿的参与感，还能通过积极的反馈激发他们继续练习和提升的动力。

五、活动教学评价

（一）幼儿评价

在整个活动过程中，幼儿评价的目的是了解幼儿在各项活动中的表现，评价他们的技能掌握程度和行为态度，并识别他们在未来学习中需要加强的方面。这种评价有助于教师调整教学策略，更好地满足幼儿的学习需求，表 3.2 是对幼儿在本次活动中表现的具体评价。

表 3.2　对幼儿在本次活动中表现的具体评价

幼儿评价	做得好的方面（动作、态度）	还需要努力的方面
后退走	☆☆☆☆☆	☆☆☆☆☆

（二）教师教学评价与反思

第三节　翻山越岭

课程目标

本节课程专为提升幼儿的下肢力量和核心力量而设计，通过上、下坡走，培养幼儿的身体姿势控制能力和协调能力，提高他们的平衡感和自我调节能力。这些技能的掌握有助于幼儿在体育活动和日常活动中提高动作灵活性和安全性，能够帮助他们进一步挑战复杂和有难度的动作。

动作练习

上、下坡走。

动作视频

上、下坡走是一种行走技巧，指的是在有倾斜度的表面上行走。这种行走方式不仅考验幼儿的平衡能力，还对幼儿的下肢力量和核心稳定性提出了更高的要求。在上坡走时，重点在于使用腿部和臀部肌肉推动身体向上；而在下坡走时，则需要控制速度并利用核心力量维持平衡，避免在下坡过程中因身体失控而跌倒。

活动要领

1. 上坡走

（1）**身体姿势**：在上坡走时，身体应稍微前倾，这有助于前移重心，提供更多的动力和稳定性。前倾角度应适中，避免过度弯腰导致背部负担加重。

（2）**步伐和脚步**：行走时，步伐应略大于平地行走，后脚跟先着地，再过渡到全脚掌着地，增加推进力。

（3）**手臂的动作**：积极摆动手臂，与步伐同步，手臂的动作可以帮助身体提供动力和保持平衡。

2. 下坡走

（1）**身体姿势**：在下坡走时，身体应尽量保持直立，避免过度前倾。直立的姿势有助于增加身体的控制力和减少向前的冲力。

（2）**步伐和脚步**：脚跟先着地，然后缓慢过渡到前脚掌。这种脚步方式可以帮助吸收冲击力，控制速度。

（3）**膝盖微弯**：保持膝盖微弯，可以增加腿部的缓冲能力，降低对膝盖的冲击力，防止关节受伤。

3. 技巧和策略

（1）**呼吸**：保持深长呼吸，帮助身体放松，尤其是在上坡走时，深呼吸可以提供更多的氧气，帮助肌肉发挥作用。

（2）**视线**：保持视线向前或稍微向上，尤其是在上坡走时，这有助于保持正确的姿势和方向感。

（3）**节奏**：保持稳定的节奏，不要因坡度变化而急剧加速或减速，这有助于节省能量并保持身体平衡。

活动目标

1. 知识目标

本活动旨在提高幼儿对正确上、下坡走动作的认识，使他们了解并掌握上、下坡走的基本动作要领和注意事项。通过详细的示范和解释，幼儿将学习如何安全有效地进行上、下坡走，包括适当的身体倾斜、脚步放置和手臂摆动等关键动作。

2. 能力目标

本活动旨在提高幼儿的身体协调性，并让幼儿初步掌握上、下坡走的技巧。通过重复练习，幼儿能够独立上、下坡走，同时保持良好的身体平衡。此外，通过这一过程，幼儿下肢的力量和控制能力得到增强，并能将学到的正确姿势应用于实际生活中。

3.素质目标

本活动旨在激发幼儿对上、下坡走及其带来的挑战的兴趣，提高他们的身体素质。通过设定具有挑战性的上、下坡走任务，初步培养幼儿的独立意识，锻炼他们的专注力，并培养他们敢于尝试和面对困难的勇气。此外，幼儿通过学习掌握正确的行走姿势，其荣誉感和自信心得到增强，并且养成克服困难的良好品质。

活动重难点

1.重点

活动的重点是腿部的有力控制，确保在上、下坡走时双脚能有力蹬地和灵活转换。这要求幼儿学习如何根据坡度调整腿部力量的输出和手臂的摆动，以保持动作的流畅性和有效性。

2.难点

活动的难点是在下坡走时控制速度并保持身体平衡，需要幼儿学会如何通过膝盖微弯和适度的身体后仰来缓冲步伐。上坡走则需双腿发力以及双臂积极摆动，这对幼儿的体力和协调能力是一种考验。

活动内容

一、身体总动员——小熊系鞋带

（一）活动目的

本活动设计模仿小熊系鞋带的动作，帮助幼儿锻炼基本的身体协调能力和平衡能力。本活动能够激发幼儿运动的驱动力，通过模仿游戏引导幼儿理解掌握日常生活技能的重要性，培养幼儿的生活情境适应能力，在活动中习得自我服务技能，促进幼儿动作模式创新与运动表达自主性的同步发展。

（二）场地器材

1. 场地需求

室内或室外的平坦安全区域，确保地面干净，有足够的摩擦力。

2. 器材准备

配备适量的瑜伽垫或软垫，以保护幼儿的膝盖和脚踝。

（三）活动具体步骤

1. 准备活动

教师先进行动作示范，确保每名幼儿都能看清楚并理解动作的要求。

2. 实践阶段

幼儿双腿并拢站立，伸出一条腿，脚后跟着地，确保前腿伸直，后腿轻微弯曲；双手叉腰，背部保持挺直；从腰部开始缓慢下压，身体尽量朝前腿脚尖方向靠近，模仿系鞋带的动作。下压到最低点后不要完全放松，维持1秒，然后缓慢回到起始姿势。换腿，重复做相同的动作，确保两侧的动作均衡。

3. 重复练习

每条腿重复10次，交替进行，中间可适当休息。

（四）注意事项

（1）安全第一：确保所有幼儿的活动空间足够大，避免发生碰撞。

（2）指导关注：教师应密切关注每个幼儿的动作执行情况，确保动作正确，避免因姿势不当造成伤害。

二、能量大爆发——翻山越岭

（一）活动目的

本活动旨在通过模拟军事训练场景，强化幼儿的体能训练效果，特别是上、下坡走这一基本而关键的运动技能。活动的设计能够帮助幼儿提高身体协调性、平衡感和快速反应能力。同时，小组竞赛既能培养幼儿的团队合作精神和竞争意识，又能增强他们面对挑战的勇气和自信。

（二）场地器材

1. 场地需求

选择有自然或人造坡度的户外场地，如公园的小山坡或设有斜坡的运动场，确保坡度适中且安全。

2. 器材准备

准备小军帽,增加活动的趣味性和沉浸感。设置清晰的起点和终点标志,以及每个斜坡的接力点。每个斜坡和接力点应有足够宽敞的空间以避免拥挤。

(三)活动具体步骤

1. 任务一:避开"地雷"

(1)准备阶段: 教师向幼儿介绍活动背景和目的,解释穿戴小军帽的重要性,以及如何安全地进行上、下坡走。

(2)实操阶段

① 分组指导:将幼儿分为2组,每组戴上小军帽,听从教师的指挥。

② 动作示范:教师示范正确的上坡和下坡走法,强调动作要领。

(3)竞赛开始:幼儿按指令开始走第一个斜坡,经过3个斜坡,每个斜坡间隔2米。教师和助手监督过程,确保幼儿安全。

(4)结束总结:最先到达终点的获胜,举行简单的庆祝仪式,强调全员参与的重要性。

2. 任务二:冲过"地雷"区

(1)准备阶段: 对场地进行安全检查,确保没有危险物。分组行动,每组4人,教师重申比赛规则。

(2)分组行动:幼儿在起点准备,手持接力棒。

(3)比赛进行: 在教师的指令下,第一名幼儿开始上、下坡走,到达第一个接力点后将接力棒传递给下一名队员,以此类推,直至最后一名队员到达终点。

(4)比赛总结: 比赛结束后,对获胜队伍予以表扬,并奖励小徽章,别在小军帽上。

小贴士

(1)上坡走:双腿需发力,身体可微微前倾以利用重心的变化助力。

(2)下坡走:保持身体平稳,控制速度,膝盖自然弯曲以缓冲冲击力。

（四）注意事项

（1）检查活动场地是否平整，无尖锐物品、积水或其他安全隐患。

（2）提醒幼儿在接力点减速慢行，避免摔倒或发生碰撞。

三、动力回收站——小海豚仰肚

（一）活动目的

在剧烈的体育活动后，尤其是涉及重复运动（如上、下坡走）的练习后，幼儿的肌肉会积累大量的乳酸，可能导致肌肉疲劳和紧张。本环节设计了"小海豚仰肚"的拉伸活动，用来帮助幼儿通过静态拉伸放松肌肉，促进血液循环，缓解积累的疲劳。这一环节能有效预防运动后的身体酸痛，培养幼儿在运动后的主动恢复意识，建立"运动—恢复"的良性循环模式，保障其运动系统的健康发展。

（二）活动具体步骤

（1）准备姿势：幼儿站立，双腿开立，略宽于肩部。确保上身直立，肩部放松。

（2）开始动作：幼儿尝试使腹部贴近大腿，同时双手伸直，尽量触及脚尖。这一动作帮助拉伸腿部后侧肌肉，特别是腘绳肌。

（3）深化拉伸：保持该姿势20秒，注意呼吸要均匀，帮助肌肉放松。在保持基础拉伸的基础上，幼儿尝试深呼吸，并在每次呼气时增加伸展幅度，进一步深化拉伸效果。每次深化拉伸持续3～5秒，重复3次，以充分拉伸肌肉。

（4）保持姿势：在最后一次深化拉伸后，幼儿保持最大伸展位置，静静地保持该姿势30秒。这有助于肌肉逐渐适应拉伸状态，增加肌肉的柔韧性。

（5）缓慢恢复：从深拉伸位置缓慢返回到初始站立姿势。动作要缓慢，避免快速起身导致头晕或失衡。

注意事项

（1）确保每名幼儿的站立姿势正确，避免过度弯腰可能引起的背部压力增大。

（2）教师需密切观察每名幼儿的拉伸幅度，确保在他们的舒适范围内，避免拉伤。

（3）强调幼儿在进行拉伸时的呼吸技巧，指导他们如何通过呼吸来增强拉伸效果和进行放松体验。

（三）总结鼓励

所有活动结束后，教师将幼儿聚集在一起。首先，表扬他们在"翻山越岭"活动中的表现，特别是在完成需要身体协调和力量的上、下坡走时的表现。教师要强调团队合作的重要性，引导幼儿发现同伴互助的温暖瞬间，肯定每名幼儿在帮助和支持同伴方面做出的努力。其次，围绕拉伸活动进行总结，讲解拉伸对身体恢复的好处，并鼓励幼儿将这些运动技能应用到日常生活中，以提高他们的身体素质和运动能力。最后，教师鼓励幼儿将学到的本领带回家，例如和家长一起爬山时，可以教家长如何走坡路。此外，教师给每名幼儿发放"运动小达人"贴纸，强化积极的体验。

四、家庭总动员

家庭总动员的目的是将幼儿园的教学延伸到家庭环境中，提升亲子互动效能，巩固和拓展幼儿在幼儿园学到的运动技能和知识。通过共同参与家庭活动，幼儿不仅可以加深对上坡走和下坡走方式的理解，还能在家庭的支持和鼓励下，增强自信心和自我效能感。此外，这一环节的设计也意在鼓励家长更加积极地参与到幼儿的日常学习中，共同创建充满爱与学习氛围的家庭环境。基于此，本环节设计了三项家庭活动，鼓励家长与幼儿共同参与，以加强家庭成员间的互动，促进幼儿的综合发展。

1. 动画时间到

家长与幼儿一起观看一部以"探险与地形挑战"为主题的动画片，动画片重点展示角色团队通过上坡、下坡行走完成目标（如运送物资、穿越山谷）。动画要重点呈现以下细节。

（1）角色行走时的身体倾斜角度与步伐调整。

（2）团队合作，保护同伴安全通过陡坡。

观看结束后，家长和幼儿进行以下讨论。

（1）动物走陡坡时，为什么要弯腰或挺直身体？

（2）如果是你带队，应该如何提醒小伙伴注意安全？

家长要通过动画强化幼儿对身体姿势的认知与提高团队互助的意识。

2. 绘本小世界

家长与幼儿一起阅读一本以"坚持与观察"为主题的绘本，绘本要描述角色通过观察地形变化（如坡道高度、地面材质）和调整行走策略（如"之"字形上坡）达成目标。

阅读过程中可以向幼儿提问：

（1）山坡太陡时，除了直线走还能用什么方法？

（2）如果你是小队长，如何帮助走路不稳的队员？

家长要结合生活经验（如上、下楼和上、下山），引导幼儿理解在陡坡行走上安全的重要性。

3. 一起动一动

（1）上坡走：每组 15 秒，共做 2 组。此活动能够增强幼儿的身体协调性和身体平衡能力。

（2）下坡走：每组 15 秒，共做 2 组。此活动能够增强幼儿的身体协调性和身体平衡能力。

4. 中间休息

每项练习之间休息 15 秒，让幼儿有足够时间恢复体能，确保运动效果。

5. 奖励措施

为促进幼儿运动习惯的持续性发展，幼儿园可以建立"运动成长档案"追踪机制。家长每日通过班级管理平台上传幼儿的家庭练习记录（视频或照片），教师团队进行周度统计分析。根据幼儿的参与频率与动作完成度进行评价，按照评价结果实施三级激励制度：累计 3 次达标，授予幼儿"坚持之星"称号；累计 5 次达标，给幼儿颁发"运动小能手"徽章；累计 8 次达标，向幼儿发放"健康小标兵"荣誉证书。每月举行班级运动成果展示会，择优推荐至校园宣传栏。

五、活动教学评价

（一）幼儿评价

幼儿评价的目的是了解幼儿在各项活动中的表现，评价他们的技能掌握程度和行为态度，并识别他们在未来学习中需要加强的方面。这种评价有助于教师调整教学策略，更好地满足幼儿的学习需求。表 3.3 是对幼儿在本次活动中表现的具体评价。

表 3.3　对幼儿在本次活动中表现的具体评价

幼儿评价	做得好的方面（动作、态度）	还需要努力的方面
上坡走	☆☆☆☆☆	☆☆☆☆☆
下坡走	☆☆☆☆☆	☆☆☆☆☆

（二）教师教学评价与反思

第四节 小鸭快跑

课程目标

本节课程设置的主要目的是让幼儿学会正确的下蹲走动作,以强化他们的下肢肌肉力量,增强踝关节的柔韧性,并有效提高他们的身体控制能力。下蹲走是一种模仿小鸭步态的有趣活动,它不仅能帮助幼儿增强体力,还能让幼儿在游戏中学习控制身体的方法。

动作要点

下蹲走。

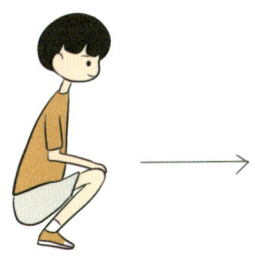

动作视频

下蹲走是一种有效的运动方式,可以帮助幼儿提高身体协调性和肌肉耐力。幼儿慢慢蹲下,模仿小鸭的走路方式,双腿间距与肩同宽,蹲好并保持身体平衡,轻抬一侧腿往前移动,再抬另一侧腿往前移动。

活动要领

(1)**正确的姿势与移动**:幼儿站立时,双脚应与肩同宽。

(2)**保持平衡与身体控制**:下蹲时上身略微前倾,背部保持直立。双手向前伸展或叉腰,帮助身体维持平衡。在整个活动中,保持膝盖弯曲和臀部低位,避免站立,增强大腿后侧和小腿肌肉的力量。

(3)**维持姿势的连续性**:整个下蹲走的过程中,幼儿应尽量保持膝盖弯曲和臀部低位,避免在移动中站立起来。

活动目标

1. 知识目标

通过学习，幼儿将提高对下蹲走正确动作的认识，了解并掌握下蹲走的基本动作要领和相关注意事项。通过教师的动作分解示范与口诀指导（如"小手摆起来，膝盖弯弯像弹簧"），幼儿将学习正确的下蹲走方法，包括正确的身体姿势、脚放置的位置，以及如何有效使用身体的各个部分以保持平衡和稳定。

2. 能力目标

幼儿将通过活动学习下蹲走时手和脚的协调动作，体验并感受下肢的正确发力方式。本活动旨在提高幼儿的平衡感和下肢力量，特别是增强踝关节的柔韧性。通过对下蹲走技能的掌握，幼儿能在不同的运动中更好地控制自己的身体，提高运动效率和运动的安全性。

3. 素质目标

本活动旨在激发幼儿对下蹲走的兴趣，通过有趣的运动方式鼓励幼儿积极参与身体锻炼，从而提高其身体素质。此外，活动也旨在培养幼儿的勇气和持之以恒的精神，帮助他们在面对困难和挑战时不轻易放弃，同时培养他们按照指令进行活动的习惯，增强守纪律意识和团队协作能力。

活动重难点

1. 重点

活动的重点在于下蹲走时保持脚踝稳固支撑，以及双脚蹬地和双脚间的平稳转换。这些动作的正确执行对于幼儿在整个活动中保持身体的平衡和活动效率至关重要。

2. 难点

活动的难点在于上、下肢的协调配合，以及保持身体核心的稳定。这不仅需要幼儿掌握单个动作的技巧，还需要幼儿学会如何将这些动作连贯地应用于连续的动作中。这些对于幼儿的协调能力和注意力来说是一个考验。

活动内容

一、身体总动员——开动小火车

（一）活动目的

本活动旨在通过结构化团队热身活动，系统性地提升幼儿关节活动度与核心肌群激活水平，为接下来的体育活动做好准备。通过模拟小火车的趣味活动，来增强幼儿对运动的兴趣，同时通过集体游戏的形式增强幼儿的团队合作意识，培养幼儿的守纪律意识和听从指令的能力。

（二）场地器材

1. 场地需求

宽敞的室内或室外平坦场地，确保环境安全、无障碍物。

2. 器材准备

音响一台，播放轻快的音乐以增加活动的趣味性。

（三）活动具体步骤

1. 集体热身

活动开始前，教师简要说明活动目的和动作要领，确保每名幼儿都能理解并跟随指令。幼儿围成一个大圈，模仿火车连接的样子，手拉手准备起步。随着音乐的节奏，幼儿跟随教师绕圈慢跑，随后适当增加速度，让幼儿体会团队协作的乐趣。

2. 转体拉伸活动

绕圈跑步后，教师引导幼儿进行上下转体活动，从头部开始逐步过渡到脚部，包括颈部旋转、肩膀画圈、扭腰以及踝关节转动等。教师应特别强调每个动作的正确性，确保幼儿在拉伸时不会扭伤。

3. 增强热身

在基础拉伸后，进行一系列模拟火车动作的游戏，如"汽笛"模拟和"煤炭装载"模拟，使热身活动更具趣味性和互动性。通过模拟火车的起停，增强幼儿的反应能力和动作的启动速度。

（四）注意事项

（1）安全监控：教师需全程关注幼儿的活动，尤其是在进行速度变化和方向转换时确保幼儿不会相撞。

（2）保持兴趣：教师应通过变换声调和游戏情境，如模拟不同天气的火车行驶，

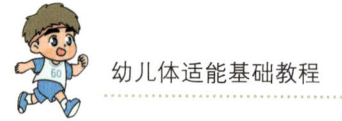

保持幼儿的参与兴趣和参与积极性。

二、能量大爆发——小鸭快跑

（一）活动目的

本活动旨在通过趣味模仿游戏增强幼儿的身体灵活性和运动协调能力。通过模仿小鸭的走路方式，幼儿不仅能增强下肢力量，还能提高身体的平衡感和灵活性。此外，活动也设计了团队合作和竞赛的元素，旨在培养幼儿的团队合作意识和竞争意识，同时增加体育活动的趣味性。

（二）场地器材

1. 场地需求

室内体育馆或室外平坦草地，确保有足够的活动空间以及环境安全。

2. 器材准备

需要准备小鸭卡通头饰、鸭妈妈头饰、障碍桶等道具。确保所有器材安全、无锐角，以防幼儿受伤。

（三）活动具体步骤

1. 任务一：蹲走进行曲

（1）准备阶段：教师向幼儿分发小鸭卡通头饰，每10人一组，将幼儿分成2～3个小组。教师对幼儿进行动作讲解和示范，确保每名幼儿都能理解并模仿下蹲走的正确姿势。

（2）实操阶段：在设定的20～30米距离内，各小组同时开始进行下蹲走比赛。教师和助教监督比赛过程，确保安全和公平。

（3）结束总结：首先到达终点的小组获得胜利，教师组织简单的颁奖仪式，鼓励幼儿加强团队合作和身体锻炼。

2. 任务二：小鸭赶路

（1）准备阶段：教师布置障碍桶，每隔5米放置一个，共放5个；再次强调比赛规则和安全注意事项。

（2）分组行动：幼儿在教师的指挥下，依次绕过障碍桶进行下蹲走。每组幼儿依次出发，进行接力比赛。

（3）结束总结：最先完成障碍走的小组获得奖励，颁发奖品——"小鸭蛋"以增加游戏趣味性。

> **小贴士**
>
>
> （1）上半身挺直，下蹲走时速度放慢，步幅可以加大。
> （2）绕过障碍桶时放慢速度，眼睛向前看，保持注意力集中。

（四）注意事项

（1）注意地面平整、落地点安全。

（2）根据幼儿的年龄和身体状况，适当调整教学内容和难度。

三、动力回收站——小青蛙趴

（一）活动目的

在剧烈的体育活动之后，进行适当的拉伸非常关键，可以帮助幼儿缓解肌肉紧张，减轻肌肉因频繁收缩而导致的乳酸堆积。"小青蛙趴"动作通过趣味模仿青蛙俯卧姿势，有针对性地伸展下肢后侧肌群与腰背筋膜。该活动能促进运动部位血液循环，有效缓解运动引起的疲劳和肌肉酸痛。规律性的恢复练习可帮助幼儿建立运动后主动恢复的良好习惯，为后续身体活动储备充足能量。

（二）活动具体步骤

（1）准备姿势：幼儿趴在垫子上，双腿慢慢张开至舒适宽度，小腿弯曲，与大腿呈90度。身体放松，额头轻轻放在双手上或垫子上，确保腹部紧贴地面，腰背保持自然挺直。

（2）开始动作：深呼吸，尽量放松身体，特别是大腿内侧和腰背部的肌肉。

（3）深化拉伸：在保持基本趴姿的基础上，尝试深呼吸并在呼气时轻轻推动臀部向后，以加深大腿内侧和腰部的拉伸。持续深呼吸，每次呼气时增加拉伸的深度，保持此姿势20~30秒。

（4）保持姿势：在深化拉伸后，保持最深拉伸的位置，维持30秒至1分钟，让肌肉逐渐适应并增加柔韧性。

（5）缓慢恢复：慢慢减轻拉伸强度，逐步将腿收回，直至回到初始趴姿。幼儿缓慢坐起，进行几次轻柔的肩膀和颈部旋转，以进一步放松。

注意事项

（1）确保幼儿在拉伸时不要过度用力，避免肌肉拉伤。

（2）教师应监督幼儿的动作，确保他们的姿势正确，特别是腰部不要拱起，避免腰部受压。

（三）总结鼓励

在所有活动结束后，教师总结幼儿的整体表现，特别表扬他们在下蹲走中的动作规范性和较好的耐力，引导幼儿感知身体协调能力的发展。在集体讨论环节，教师要结合活动中的互助实例，阐释团队协作对任务达成的促进作用，特别肯定幼儿在互助中所表现的同理心和互相鼓励的行为。最后建立长期期待，教师要激励幼儿在未来的活动中继续保持这种积极的态度和团队协作意识，强调通过合作和良好的自我管理，幼儿可以更有效地应对生活和学习中的各种挑战。

四、家庭总动员

家庭总动员的目的是将幼儿园的教学延伸到家庭环境中，增强家庭成员间的互动，巩固和拓展幼儿在幼儿园学到的运动技能和知识。共同参与的家庭活动，不仅可以加深幼儿对下蹲走方式的理解，还能在家庭的支持和鼓励下，增强他们的自信心和自我效能感。此外，这一部分的设计也意在鼓励家长更加积极地参与到幼儿的日常学习中，共同创建充满爱与学习氛围的家庭环境。基于此，本环节设计了三项家庭活动，鼓励家长与幼儿共同参与，以加强家庭成员间的互动，促进幼儿的综合发展。

1.动画时间到

家长与幼儿一起观看一部以"团队合作与冒险挑战"为主题的动画片，动画片重点呈现角色通过下蹲走穿越低矮洞穴（如躲避风暴）或原地纵跳跨越障碍（如跳过树桩）的情节。

观看结束后，家长和幼儿进行以下互动。

（1）讨论：动物蹲着走时，为什么要用手扶膝盖？这样会更稳吗？

（2）鼓励幼儿尝试像动物一样下蹲走，挑战通过更低的障碍物。挑战结束后，通过放松游戏（如模仿角色抖动身体"甩掉泥土"）缓解肌肉疲劳，释放紧张情绪。

2. 绘本小世界

家长与幼儿一起阅读一本以"节奏与协作"为主题的绘本，绘本要描述角色团队通过同步下蹲走（如模仿鸭子队列）完成运输任务。

阅读过程中可以对幼儿提问：

（1）如果下蹲走得太快会摔倒，怎么样调整速度才能保持队伍整齐？

（2）你能让所有的小鸭子在走的时候更有节奏和气势吗？

家长可以使用音乐元素（如用拍手器打节拍），引导幼儿更有节奏地进行活动。

3. 一起动一动

家长与幼儿共同进行下蹲走，每组 30 米，共做 2 组，有助于锻炼幼儿的下肢肌肉和核心肌群。

4. 中间休息

每项练习之间休息 30 秒，让幼儿有足够的时间恢复体能，确保运动效果。

5. 奖励措施

为了鼓励幼儿在家积极参与这些活动，可以通过开展班级竞赛的方式增加对幼儿的激励。例如，家长可以记录幼儿参与活动的情况，并提交给老师，幼儿可以根据参与度获得小红星奖励。这不仅能够增加幼儿的参与感，还能通过积极的反馈激发他们继续练习和提升的动力。

五、活动教学评价

（一）幼儿评价

幼儿评价的目的是了解幼儿在各项活动中的表现，评价他们的技能掌握程度和行为态度，并识别他们在未来学习中需要加强的方面。这种评价有助于教师调整教学策略，更好地满足幼儿的学习需求。表 3.4 是对幼儿在本次活动中表现的具体评价。

表 3.4 对幼儿在本次活动中表现的具体评价

幼儿评价	做得好的方面（动作、态度）	还需要努力的方面
下蹲走	☆☆☆☆☆	☆☆☆☆☆

（二）教师教学评价与反思

第四章 幼儿身体活动——奔跑

第一节 小小运动员

课程目标

通过科学设计的跑动训练，如快速跑，系统地发展幼儿基础位移技能。重点提升幼儿奔跑时的身体协调性，包括正确的摆臂姿势与步伐节奏的配合，同时通过趣味竞赛增强幼儿的反应速度和转换方向的灵活度。借助情境化的游戏设计，在保持运动趣味的基础上，逐步延长跑步时间，有效提升幼儿的心肺耐力和运动持久力，为幼儿参加日常活动及体育运动奠定扎实的基础。

动作练习

快速跑。

动作视频

快速跑是一项基本的身体活动，起跑时前脚掌着地，身体保持微微前倾，利用高效的摆臂来增加动力以达到跑步需要的速度。快速跑不仅对幼儿的体能有极大的提升作用，还能帮助幼儿在其他运动中表现得更好。本活动将通过一系列的练习和游戏，教授幼儿正确的快速跑技巧。

活动要领

（1）**正确的跑步姿势**：身体保持微微前倾，确保跑步时重心稍向前移，有助于加快速度。肩膀要放松，避免耸肩，这样可以减少上半身的紧张感，使跑步更加轻松。手臂弯曲约90度，手轻握而非紧握，自然摆动手臂以增加动力和保持平衡。

（2）**提高步幅和步频**：跑动中尽量抬高大腿使之与地面平行，这样可以增加步幅，帮助身体更快速地前进。步频，即每分钟跑的步数，幼儿可以通过游戏和节奏练习来提高步频。

（3）**呼吸技巧**：教导幼儿如何通过鼻子吸气、嘴巴呼气，保持均匀呼吸，这对于维持长时间的跑步非常关键。

活动目标

1. 知识目标

本活动旨在增强幼儿对正确的快速跑技术和动作要领的理解，确保他们理解快速跑的基本姿势和运动方式。通过具体示范和指导，幼儿能够学习如何正确地使用前脚掌着地，并且理解上肢的积极摆动以及上、下肢协调配合的重要性，同时认识到正确姿势对预防跑步姿势错误造成伤害的重要性。

2. 能力目标

通过结构化的快速跑训练，幼儿能够掌握跑步的基本技术，包括有效的腿部动作、蹬地技巧以及身体前倾的程度，从而提高他们的运动速度、灵敏性和身体协调能力。在练习过程中，教师应特别强调腿部肌肉的使用，使幼儿能够感受到通过快速跑带来的身体能力提升。

3.素质目标

通过跑步活动，激发幼儿对跑步的兴趣，特别是对快速跑的喜爱。这种体育活动不仅能帮助幼儿提高身体素质，还能培养幼儿的独立性和勇于自我挑战的精神。同时，通过在活动中设置小目标和小成就，提升幼儿的专注力和自信心，鼓励他们在面对困难和挑战时能够坚持到底。

活动重难点

1.重点

快速跑中的有力蹬地是本活动的重点，强调通过前脚掌着地来实现快速起步和加速。这种技术要求幼儿学习如何有效地使用腿部力量，以及如何通过适当的蹬地力度来提高跑步效率。

2.难点

活动中的难点是将摆臂、步幅和步频协调配合。摆臂需要与腿部动作同步，帮助保持动作的平衡并提供推进力。正确的步幅和步频则是确保持续提供动力和保持速度的关键，幼儿需要在教师的帮助下，通过反复练习逐渐掌握。

活动内容

一、身体总动员——愤怒的小鸟

（一）活动目的

本活动以经典游戏——"愤怒的小鸟"为原型，通过模拟小鸟被弹射的动作，激活幼儿的核心肌群和关节，完成动态热身准备。在情境化任务挑战中，重点发展幼儿对爆发力的控制和空间定位能力，通过不同力度和角度的动作尝试，促进幼儿身体感知觉发展。活动设置小组协同任务，在角色分工中培养幼儿策略协商意识与规则执行力，建立积极的运动体验模式。

（二）场地器材

1.场地需求

室内体育馆或者户外平坦安全的草地，确保有足够的空间供幼儿自由奔跑。

2. 器材准备

将软质的运动垫或安全垫铺设在奔跑区域的两端，以防止幼儿在快速奔跑中摔倒受伤。

（三）活动具体步骤

1. 起始热身

教师组织幼儿进行全身关节的热身活动，如手腕和脚腕的转动、肩部环绕运动等，以及轻微的拉伸，为接下来的活动做准备。

2. 模拟小鸟被弹射活动

教师首先示范如何模拟"愤怒的小鸟"被弹射的样子，即快速跑出并逐渐减速，模仿小鸟在空中的飞行轨迹。幼儿按指令依次进行，在指定区域内尽可能快速地跑出，然后逐渐放慢速度，直到安全停止。

3. 团队协作拉伸活动

绕圆圈奔跑后，幼儿排成一队，每名幼儿将手放在前一名幼儿的肩上。在教师的指挥下，后面的幼儿为前面的幼儿轻轻捏肩膀和揉背，以帮助肌肉放松，减轻奔跑后可能产生的肌肉紧张。

（四）注意事项

（1）确保所有活动的安全，特别是在模拟"愤怒的小鸟"被弹射环节，监督幼儿不要过度向前冲撞。

（2）在进行捏肩膀和揉背的环节时，教师需要指导幼儿使用正确的力度，避免力度过大造成不适或伤害。

（3）在整个活动中，教师须保持高度警觉，随时准备介入处理可能发生的意外。

二、能量大爆发——小小运动员

（一）活动目的

本环节旨在通过举办一场模拟运动会，激发幼儿的运动热情和竞技精神。通过快速跑和障碍躲避赛，幼儿能够练习和展示他们的跑步技巧，同时学习如何在竞赛中保持冷静和专注。这一过程不仅能够提高他们的身体素质，如速度和灵活性，还能促进他们的社交能力和团队合作精神的提升。

（二）场地器材

1. 场地需求

室外运动场或宽敞的室内空间，确保场地平坦并且已清理干净，无潜在危险物。

2.器材准备

准备卡通动物头饰(狼、兔、豹子、羚羊)作为每个队伍的标志；设置适量的障碍物，如软垫、圆锥和小型障碍桶，用于障碍躲避赛。

(三)活动具体步骤

1.任务一：小小运动会

(1)准备阶段：幼儿到达指定场地后，首先进行简短的热身，包括关节和肌肉的拉伸，以预防运动伤害。

(2)实操阶段

①分队指派：按照动物团队分配卡通头饰，让幼儿根据指派的动物队伍各排成一列。

②动作示范：教师展示快速跑的正确姿势和技巧，如抬头、挺胸、收腹、迈大步、挥动手臂。

③竞赛执行：在教师的信号下，各队伍竞跑至终点，根据完成任务时间的长短，评选出冠、亚、季军，并对参与活动的幼儿进行表扬和奖励。

2.任务二：障碍躲避赛

(1)准备阶段：在跑道上每隔一定距离设置障碍物，确保场地安全且具有挑战性。

(2)分组行动：各组幼儿在起跑线前准备，教师讲解比赛规则和技巧。

(3)比赛开始：在教师发出指令后，幼儿需快速通过或绕过设置的障碍物，力争第一个到达终点。

(4)比赛监督：教师和助教监督比赛过程，确保幼儿安全，及时处理突发情况。

(1)在快速跑时，保持手臂的积极摆动，通过前脚掌着地加快步频。

(2)通过障碍物时适当减速缓冲，通过后迅速加速。

(四)注意事项

(1)幼儿先后出发，两名幼儿之间保持一定的距离，避免相撞。

(2)应事先检查场地，确保无任何危险物品且地面平整。

三、动力回收站——小白兔拔萝卜

（一）活动目的

本环节通过"小白兔拔萝卜"的模拟游戏，引导幼儿进行渐进式拉伸练习。这一练习重点针对下肢肌群及脊柱的柔韧性进行动态牵拉，能够有效缓解运动后的肌肉紧张状态，加速代谢物质的循环。本环节将科学拉伸方法融入趣味动作模仿中，在帮助幼儿建立运动后恢复意识的同时，提高关节活动度与身体控制能力。通过规律性的练习，帮助幼儿养成运动防护习惯，为持续性身体活动奠定基础。

（二）活动具体步骤

（1）准备姿势：每两名幼儿配对。一名幼儿坐在垫子上，双腿伸直，脚尖上翘；另一名幼儿在对面坐下，两人脚掌对脚掌，轻轻握住对方的手。

（2）开始动作：在保持背部直立的状态下，一侧坐着的幼儿尝试轻轻向前倾，而对面的幼儿则提供适当的支持和拉伸力度，帮助伸直腿部的幼儿增加拉伸的强度。

（3）深化拉伸：维持拉伸的同时，可以帮助伸直腿部的幼儿适当增加拉力，鼓励伸直腿部的幼儿通过深呼吸放松肌肉，深化拉伸效果，持续20～30秒。

（4）保持姿势：两名幼儿分别拉伸到最深位置，保持30秒，感受肌肉的逐步放松和拉伸。

（5）缓慢恢复：逐渐减少拉力，让被拉伸的幼儿慢慢回到初始坐姿。双方互换角色，重复上述步骤，确保两名幼儿的肌肉均得到均衡的拉伸。

注意事项

（1）确保在所有动作执行的过程中，幼儿的动作缓慢且控制得当，避免突然的拉扯造成肌肉拉伤。

（2）教师应密切监控幼儿的拉伸力度和姿势，确保拉伸姿势正确且安全。

（三）总结鼓励

在所有活动结束后，教师及时进行总结，表扬幼儿们在快速跑活动中的表现，特别是他们如何有效地运用跑步技巧到达终点。通过此次活动，幼儿不仅提升了跑步速度和身体协调能力，还展示了团队合作精神和相互支持的重要性。教师鼓励幼儿在未来的活动中继续保持这种积极和协作的态度，这将帮助他们更好地面对和解决生活中的各种挑战。这种经历不仅能够锻炼身体，也能增强他们解决问题的能力，为迎接未来的挑战做好准备。

四、家庭总动员

家庭总动员的目的是将幼儿园的教学延伸到家庭环境中，增强家庭成员间的互动，巩固和拓展幼儿在幼儿园学到的运动技能和知识。共同参与的家庭活动，不仅可以加深幼儿对快速跑方式的理解，还能在家庭的支持和鼓励下，增强他们的自信心和自我效能感。此外，这一部分的设计也意在鼓励家长更加积极地参与到幼儿的日常学习中，共同创建充满爱与学习氛围的家庭环境。基于此，本环节设计了三项家庭活动，鼓励家长与幼儿共同参与，以加强家庭成员间的互动，促进幼儿的综合发展。

1. 动画时间到

家长与幼儿一起观看一部以"团队任务与速度挑战"为主题的动画片，动画片重点呈现以下情节：

（1）角色快速跑通过一段危险区域。

（2）团队接力传递关键物品。

观看结束后，家长和幼儿进行以下互动。

（1）讨论：动物快跑时为什么要摆动胳膊？像小翅膀一样伸展双臂能让它们跑得更快吗？

（2）鼓励幼儿尝试模仿小动物们的跑步姿势：先缓慢小步跑，听到"加速"指令后立刻冲刺。

家长要通过动画情节，强化幼儿对跑步姿势的认知（如身体前倾、摆臂技巧），同时将情节与提高安全意识（如观察环境再加速）相关联。

2. 绘本小世界

家长与幼儿一起阅读一本以"坚持与自我突破"为主题的绘本，绘本要描述角色通过科学训练逐步提升跑步速度。

阅读过程中可以对幼儿提问：

（1）跑步时如何保持身体稳定，防止摔倒？

（2）你会用什么方法帮助跑得慢的小伙伴？

家长要结合生活场景（如户外追逐游戏），引导幼儿理解方法比输赢更重要的意义。

3. 一起动一动

家长设置一条 30 米冲刺跑道，指导幼儿进行 3 组冲刺跑。

4. 中间休息时间

每项练习之间休息 30 秒，让幼儿有足够的时间恢复体能，确保运动效果。

5. 奖励措施

为了鼓励幼儿在家积极参与这些活动，可以通过开展班级竞赛的方式增加对幼儿的激励。例如，家长可以记录幼儿参与活动的情况，并提交给教师，幼儿则可根据参与度获得小红星奖励。这不仅能够增加幼儿的参与感，还能通过积极的反馈激发他们继续练习和提升的动力。

五、活动教学评价

（一）幼儿评价

幼儿评价的目的是了解幼儿在各项活动中的表现，评价他们的技能掌握程度和行为态度，并识别他们在未来学习中需要加强的方面。教师重点记录三个方面的表现：跑步时手脚配合是否协调，听到指令后能否快速启动，活动中是否能坚持完成任务。这种评价有助于教师调整教学策略，更好地满足幼儿的学习需求。表 4.1 是对幼儿在本次活动中表现的具体评价。

表 4.1　对幼儿在本次活动中表现的具体评价

幼儿评价	做得好的方面（动作、态度）	还需要努力的方面
快速跑	☆☆☆☆☆	☆☆☆☆☆

（二）教师教学评价与反思

第二节　敏捷的豹子

课程目标

本节课程通过曲线跑的练习，发展幼儿的动态平衡控制能力与方向转换能力。在曲线跑中，幼儿能够掌握调节身体重心的技巧，其下肢爆发力与关节灵活性得到提升。通过设计的追逐游戏情境，幼儿能逐步掌握在运动中及时调整步伐、保持身体稳定的关键技能，为其参与球类等复杂运动奠定基础。

动作练习

曲线跑。

动作视频

曲线跑是一种复杂的跑步技术，它要求运动者在保持速度的同时，能够灵活地改变方向。这项活动不仅有助于提高幼儿的身体协调能力和敏捷性，还能让他们在游戏和日常生活中更好地控制自己的动作。

活动要领

（1）**正确的姿势**：幼儿在跑动时应保持抬头，目视前方，这有助于他们更好地判断前方的路线和障碍。教师应教导幼儿如何迈出较大的步伐，并通过用力摆动手臂来增加前进的动力。

（2）转弯技巧：在接近转弯处时，指导幼儿适当放慢速度，这有助于提高转弯的稳定性和安全性。在转弯时，通过适当倾斜身体和调整步伐来保持身体平衡，确保不会因转弯过急而跌倒。

（3）速度与节奏的控制：在直线路段加速，在曲线路段适度减速，教导幼儿如何根据路径变化调整自己的跑步速度。强调跑步节奏感的培养，使幼儿能够在不同的跑步节奏下进行身体控制以保持适当的平衡。

活动目标

1. 知识目标

通过曲线跑活动，加强幼儿对正确跑步姿势的认识，明确曲线跑的动作要领及其重要性。幼儿能了解在不同的跑步环境中如何调整自己的步伐和速度，特别是在转弯时如何有效地保持身体平衡。

2. 能力目标

本活动旨在通过曲线跑的实践，系统地锻炼幼儿的身体协调能力并提高动作敏捷性。通过反复练习，帮助幼儿提升在曲线跑道上的反应能力和速度控制能力，同时强化他们在跑步过程中对身体姿势的控制，使其更加稳定和高效地奔跑。

3. 素质目标

曲线跑不仅是一种体能锻炼的方式，也是培养幼儿社交技能、团队精神和规则意识的好方法。集体活动可激发幼儿对跑步运动的兴趣，增强他们的集体荣誉感和团队合作能力。同时，教育幼儿遵守比赛规则，培养良好的运动习惯和公平竞赛的意识。

活动重难点

1. 重点

活动的重点是幼儿在跑步时如何通过蹬地发力增加前进速度，同时关注他们的步幅调整，使之适应快速跑和曲线跑的需要。强调正确的脚部着地方式，如前脚掌着地、蹬地有力，以提高跑步的效率，减少能量消耗。

2. 难点

曲线跑的难点是如何在保持速度的同时有效地控制转弯动作。教育幼儿在转弯时适当放慢速度以保持身体平衡，避免跑偏或摔倒。此外，调整身体倾斜角度和使用手臂来维持平衡也是关键技能。

活动内容

一、身体总动员——左摇右摆

（一）活动目的

本活动旨在通过简单而有趣的身体移动，激活幼儿的身心状态，为接下来的体育课程做准备。本活动不仅能够帮助幼儿热身，还旨在通过模仿游戏和反应游戏提高幼儿的注意力和反应速度，同时激发他们对体育活动的兴趣和热情。此外，参与集体活动，能够增强幼儿之间的互动，培养他们的团队协作能力。

（二）场地器材

1. 场地需求

宽敞的室内或室外平坦区域，确保活动空间充足，以避免幼儿在活动中相互碰撞。

2. 器材准备

场地上可用彩带或标记线划分出明确的跑动区域，每个跑动区域的宽度保持 2 米的距离，确保幼儿在移动时的安全。

（三）活动具体步骤

1. 准备阶段

将幼儿分成 2 列站立，列间距适当，确保有足够的移动空间。教师介绍游戏规则，并示范如何根据手势方向快速且安全地移动。

2. 活动实施

教师站在队伍前方，利用手势指挥移动方向。当教师抬起左手时，左侧一列的幼儿向左移动一步；抬起右手时，右侧一列的幼儿向右移动一步。进行数轮练习，逐渐加快指令的速度，让幼儿在保持平衡的同时，根据教师的指令做出对应的动作。

3. 互动加强

在活动中加入背景音乐和鼓掌动作，提高幼儿对活动的兴趣和参与感。引导幼儿在移动时享受游戏的乐趣。

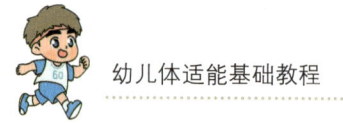

（四）注意事项

（1）确保所有幼儿在活动前已进行适当的热身，避免运动伤害。

（2）监控幼儿的活动，确保他们不会因为过度兴奋而出现推搡或因为跑动过快而导致跌倒。

（3）教师应始终控制活动节奏，确保每个幼儿都能跟上。

二、能量大爆发——敏捷的豹子

（一）活动目的

此活动旨在通过模拟豹子的敏捷动作，培养幼儿的快速反应能力和身体协调性。曲线跑和障碍物穿越既能加强幼儿对速度的感知并锻炼其身体灵活性，同时还能引导他们学习在复杂环境中保持身体平衡和控制移动速度。

（二）场地器材

1. 场地需求

宽敞的运动场地，表面平整，无杂物。

2. 器材准备

场地上设置符合幼儿身高和步幅的障碍桶、斜坡和其他轻型障碍物，用于模拟自然环境中的丛林穿越。每名幼儿均配备豹子卡通头饰，增加活动的趣味性和身临其境的感觉。

（三）活动具体步骤

1. 任务一：小豹追追乐

（1）准备阶段

教师将幼儿分成3组，每组幼儿穿戴相应的豹子卡通头饰。教师对安全注意事项和动作要领进行简要说明。

（2）实操阶段

① 教师带领幼儿进行热身活动，并强调如何调整曲线跑的姿势。

② 教师演示并讲解通过障碍桶时的技巧，如在曲线跑时适当放慢速度、减小步幅，同时身体微倾斜以维持身体平衡。

③ 幼儿按信号指令从起点跑向终点，途中穿越设置好的障碍桶。

④ 每轮活动结束后，教师记录各组成绩，对表现优异的小组进行表扬。

2. 任务二：穿越丛林记

（1）准备阶段：对场地进行最后的安全检查，确保所有斜坡和障碍物安全稳固。

（2）分组行动：将幼儿分成4组，每组幼儿在教师的指导下排好队伍。游戏开始前，教师再次强调上、下坡走和曲线跑的注意事项。幼儿按照教师的指令开始比赛，从斜坡出发，接着穿越障碍物，完成曲线跑。

（3）比赛监控：教师和助教密切监控比赛过程，确保每名幼儿的安全。

小贴士

（1）曲线跑中，幼儿应保持身体整体内倾，通过加大外侧腿和外侧胳膊摆动的力量和幅度来控制身体。

（2）在通过障碍物和上、下坡时，注意使用手臂帮助身体保持平衡，同时控制好自己的速度。

（四）注意事项

（1）确保所有参与的幼儿都穿着适合跑步的鞋和服装，以防滑倒或受伤。

（2）教师应作好随时处理紧急情况的准备，当幼儿摔倒或碰撞时能快速作出响应。

三、动力回收站——小蜗牛

（一）活动目的

本环节旨在通过静态拉伸和肌肉放松活动，帮助幼儿减轻运动后的肌肉紧张和疲劳，促进血液循环，并有效减少运动后可能产生的不适感。本环节设计了"小蜗牛"的拉伸活动，这一环节是教学中非常重要的部分，不仅有助于幼儿恢复体力，还能帮助幼儿认识到拉伸活动在体育运动中的必要性。

（二）活动具体步骤

（1）准备姿势：幼儿分别找到一个舒适的空间，缓缓下蹲，双膝触地，确保膝盖舒适，脚背贴地，上身保持直立，双手放在大腿上。注意：脊柱尽量保持直立，避免弯曲。

（2）开始动作：在吸气的同时，慢慢将身体向后倾斜，双臂自然向前伸直以保持平衡。注意动作要慢，防止拉伤。当身体达到最大后倾角度时，用双臂和背部支撑身体，确保身体平稳。此时，双膝仍然触地，脚背贴地。

（3）深化拉伸：在保持平衡的前提下，尝试进一步加深后倾的角度，直至上身触碰地面，以拉伸脊柱、背部和腿部前侧的肌肉。注意，此步骤应在身体能够承受的范围内进行，避免过度拉伸导致受伤。在拉伸过程中，保持深呼吸，有助于放松身体，减轻拉伸带来的紧张感。

（4）保持姿势：保持该姿势一段时间，一般建议为30秒至1分钟。在此期间，保持呼吸平稳，感受身体的拉伸和放松。通过调整呼吸来加深拉伸效果，吸气时尝试让身体更加放松，呼气时则稍微加深拉伸感。

（5）缓慢恢复：在保持姿势一段时间后，开始缓慢起身。首先用双臂支撑身体，然后逐渐将身体重心向前移动，直至完全站起。起身后，轻轻摆动双臂和双腿，放松身体各部位的肌肉。可以进行简单的全身拉伸动作，以缓解因跪膝后倾带来的肌肉紧张。

注意事项

（1）确保每名幼儿在跪膝后倾时动作平缓，避免过度用力导致受伤。

（2）教师应随时注意幼儿的反应，确保他们的动作在舒适范围内。

（三）总结鼓励

在所有活动结束后，教师总结幼儿在曲线跑中的表现，并特别指出他们在通过障碍和曲线路线时展现的卓越动作技巧和敏捷性。教师强调正确的曲线跑姿势，如身体的倾斜、适当的脚步配合和手臂的摆动，这些都是确保跑步速度和身体平衡的关键。通过此次活动，幼儿学习了如何在变化的环境中快速适应环境，这不仅能够增强体能，也能够提升解决问题的能力。教师鼓励幼儿在未来的活动中继续保持这种积极探索和学习新技能的态度，帮助他们在各种生活场景中都能自信地应对挑战。

四、家庭总动员

家庭总动员的目的是将幼儿园的教学延伸到家庭环境中，增强家庭成员间的互动，巩固和拓展幼儿在幼儿园学到的运动技能和知识。共同参与家庭活动不仅可以加深幼儿对曲线跑方式的理解，还能在家庭的支持和鼓励下，增强幼儿的自信心和自我效能感。此外，这一部分的设计也意在鼓励家长更加积极地参与到幼儿的日常学习中，共同创建充满爱与学习氛围的家庭环境。基于此，本环节设计了三项家庭活动，鼓励家长与幼儿共同参与，以加强家庭成员间的互动，促进幼儿的综合发展。

1. 动画时间到

家长与幼儿一起观看一部以"地形挑战"为主题的动画片,动画片重点呈现以下情节:

(1)动物通过曲线跑穿越复杂的地形(如绕过沼泽气泡、躲避滚落果实)。

(2)角色用"S"形路线躲避敌人追捕,回到安全区域。

观看结束后,家长和幼儿进行以下互动。

(1)讨论:动物为什么不能只进行直线跑,还要进行曲线跑?

(2)鼓励幼儿尝试像动物一样在跑动过程中遇到障碍物时,脚用力向一侧蹬地,身体向另外一侧倾斜来躲避障碍。

家长要将动画情节与曲线跑的实际应用场景(如避险、追逐)相关联,强调观察与策略的重要性。

2. 绘本小世界

家长与幼儿一起阅读一本以"灵活思维与互助"为主题的绘本,绘本要描述以下情节:

(1)角色团队通过分析地形绘制"最佳曲线路线图"(如避开刺丛、利用树荫)。

(2)通过轮流领跑帮助体力不足的同伴(如"我来带路,你跟着我的脚印绕弯")。

阅读过程中可以向幼儿提问:

(1)如果在弯道突然遇到石头,怎样安全地变换行进方向?

(2)你能用玩具车演示一次完美曲线跑吗?

家长要结合实物操作(如用绳子摆出弯道),引导幼儿将抽象概念具象化。

3. 一起动一动

家长引导幼儿在家附近的公园或安全的室外空间,设定一条简单的曲线跑道。幼儿在40米的距离内曲线跑3次,尽量模拟在幼儿园里的活动情景。

4. 中间休息

每项练习之间休息1分钟,让幼儿有足够的时间恢复体能,确保运动效果。

5. 奖励措施

为促进运动习惯的持续发展,教师可以组织实施"家庭运动小达人"计划。家长每日上传幼儿的练习视频(15~30秒),教师每周根据动作质量与参与情况统计得分,根据得分情况奖励运动主题贴纸、"活力之星"徽章、定制运动手环等。每月组织开展"家庭运动风采展",在班级互动墙进行展示,并推送科学指导建议。通过趣味性激励体系与可视化成长记录,帮助幼儿在"挑战—收获"的良性循环中培养自我管理能力,形成家校协同的运动促进机制。

五、活动教学评价

（一）幼儿评价

幼儿评价的目的是了解幼儿在各项活动中的表现，评价他们的技能掌握程度和行为态度，并识别他们在未来学习中需要加强的方面。教师持续观察并记录幼儿在曲线跑中的身体控制与协调表现，重点关注幼儿在方向转换时的重心调节能力和动作连贯性。这种评价有助于教师调整教学策略，更好地满足幼儿的学习需求。表 4.2 是对幼儿在本次活动中表现的具体评价。

表 4.2　对幼儿在本次活动中表现的具体评价

幼儿评价	做得好的方面（动作、态度）	还需要努力的方面
曲线跑	☆☆☆☆☆	☆☆☆☆☆

（二）教师教学评价与反思

第五章 幼儿身体活动——跳跃

第一节 摘 星 星

课程目标

本节课程旨在通过教授幼儿正确的原地纵跳动作，借助分解练习，强化幼儿的下肢力量和爆发力，提高他们的身体协调能力。通过系统的训练，帮助幼儿掌握原地纵跳的技巧，从而提升其在日常活动和体育运动中的表现，促进幼儿骨骼生长。

动作练习

原地纵跳。

动作视频

原地纵跳是体育运动中的一种基本动作。该动作要求幼儿不借助任何助跑，在原地进行垂直起跳，通过下肢和躯干的协调发力，使幼儿的身体垂直向上跳起，达到增强下肢力量和提高身体协调性的效果。

活动要领

（1）**预备姿势**：幼儿站立，双脚与肩同宽，身体放松。屈膝半蹲，双手置于臀部后侧，身体重心下移至脚掌，做好起跳准备。目视前方，保持头部和上半身稳定。

（2）**起跳动作**：双脚快速用力蹬地，迅速展开起跳动作。同时，两臂稍屈，由后向前上方挥动，帮助提升身体的垂直高度。在起跳过程中，保持身体的平衡和稳定，避免身体前倾或后仰。

（3）**落地缓冲**：落地时，双膝微屈，脚尖先触地，随后脚跟落地，通过屈膝动作缓冲下落时产生的冲击力。降低身体重心，保持身体平衡，防止摔倒或扭伤。落地后迅速恢复站立姿势，准备进行下一次起跳。

活动目标

1. 知识目标

提高幼儿对原地纵跳正确动作的认识，使其了解原地纵跳的动作要领和注意事项。通过教师的理论讲解和示范，帮助幼儿掌握纵跳的基本知识，如预备姿势、起跳动作、腾空展体和落地缓冲的具体步骤。

2. 能力目标

通过练习纵跳的分解动作，帮助幼儿逐步掌握原地起跳的技能，增强他们的下肢力量和爆发力。在训练过程中，要注重培养幼儿的身体稳定性和上、下肢的协调能力，使他们在跳跃时能够保持良好的姿势和平衡。

3. 素质目标

激发幼儿对跳跃活动的兴趣，通过积极参与和互动，提升他们的身体素质。培养幼儿的专注力和毅力，使他们敢于尝试新技能，不怕挫折，勇于克服困难。通过成功的体验，增强幼儿的自信心和成就感。

活动重难点

1. 重点

本次活动的重点在于起跳时，幼儿需要屈膝摆臂，双脚用力蹬地，确保起跳动作有力且协调；落地时，应屈膝缓冲，降低身体重心，确保平稳着地，防止受伤。

2. 难点

上、下肢的协调配合以及在空中时身体的平稳控制是本次活动的难点。幼儿需要在起跳、腾空和落地的整个过程中，保持身体的稳定和姿势的正确。通过反复练习和教师的指导，幼儿的协调能力和控制力逐步得到提高。

活动内容

一、身体总动员——小兔盯梢

（一）活动目的

本活动的目的是激活幼儿的身心状态，缓解幼儿的紧张情绪，达到热身效果；同时激发幼儿的运动兴趣，提高他们的身体灵活性和快速反应能力。通过模仿小兔子的动作，增强幼儿的平衡感、下肢力量和身体灵活性，为接下来的纵跳练习做好准备。

（二）场地器材

1. 场地需求

宽敞的室内或室外场地，确保地面平整，无障碍物。

2. 器材准备

适合幼儿的软垫或地毯，以提高舒适度和安全性。

（三）活动具体步骤

1. 准备阶段

幼儿站成一排，教师向幼儿介绍活动内容和目标，强调动作模仿的注意事项。

2. 示范领做

教师示范屈膝和跷脚动作，先双腿微曲，膝盖弯曲小于90度，重心下移；再缓慢站立，双脚前脚掌着地，身体微微前倾。幼儿跟随教师的节奏反复练习。

3. 小兔盯梢游戏

（1）望远动作：教师发出"望远"指令时，幼儿跷起脚尖，前脚掌着地，右手放在眼睛上方的前额处做出望远的动作，仿佛在观察远处。

（2）躲避动作：教师发出"躲避"指令时，幼儿迅速屈膝再站直，膝盖弯曲小于90度，模仿小兔子警觉时的动作。

（3）反复练习：教师随机发出"望远"和"躲避"的指令，幼儿快速做出相应动作，整个活动持续约3分钟。

（四）注意事项

（1）安全第一：确保活动场地安全，避免幼儿在快速反应过程中摔倒或发生碰撞。

（2）动作规范：教师需密切关注幼儿的动作，及时纠正不规范的姿势，确保每名幼儿都能正确完成动作。

（3）适度练习：根据幼儿的体力状况，适时调整活动强度，避免过度疲劳。

二、能量大爆发——摘星星

（一）活动目的

通过原地纵跳动作练习，锻炼幼儿大腿的股四头肌、股二头肌，小腿腓肠肌等肌群的力量，在下肢力量得到增强的同时，提高幼儿身体协调性。本环节通过游戏的形式，帮助幼儿在轻松愉快的氛围中掌握正确的纵跳技巧，培养幼儿的运动节奏感，增强他们对体育运动的兴趣，培养他们的团队合作精神。

（二）场地器材

1. 场地需求

宽敞、平坦的室内或室外场地，确保安全。

2. 器材准备

彩带、乒乓球、计时器、连根柱子或其他固定装置。

（三）活动具体步骤

1. 任务一：小兔摘"星星"

（1）准备阶段：教师将幼儿分成若干组，每组人数相等。教师在场地中央将彩带系在两根柱子之间，彩带离地高度为幼儿直立状态下手臂完全向上伸展时指尖的离地高度加20厘米，确保每名幼儿都能通过跳跃摘到"星星"。乒乓球作为"星星"，应被均匀地粘在彩带上。

（2）实操阶段：教师讲解游戏规则和注意事项，示范正确的纵跳动作。教师开始计时，要求每组幼儿在10秒内进行原地纵跳，尽可能多地摘下彩带上的"星星"。摘取数量为比赛成绩。

（3）总结阶段：教师宣布各组成绩，对表现优异的幼儿给予表扬和鼓励。简要点评幼儿的纵跳动作，指出需要改进的地方。

2. 任务二："星星"高高挂

（1）准备阶段：教师在场地中间设置纵向垂挂的若干条彩带，每条彩带上按5厘米的间隔粘贴上乒乓球作为"星星"。确保彩带稳固悬挂，高度在幼儿的跳跃范围内。

（2）实操阶段：教师示范正确的原地纵跳动作，讲解摘"星星"的技巧，强调屈膝起跳、双臂摆动、落地缓冲等要领。幼儿按顺序轮流进行原地纵跳比拼，以摘取的"星星"高度作为评判标准。教师记录每名幼儿能摘到的最高位置的"星星"，并对获胜者予以鼓励。

（3）总结阶段：教师总结每位幼儿的表现，表扬跳得较高的幼儿，鼓励其他幼儿继续努力。教师进行简短的技术指导，帮助幼儿改进原地纵跳动作，以提高跳跃高度。

小贴士

进行原地纵跳时，注意屈膝起跳，双臂摆动，落地时膝盖微屈，减小冲击力。

（四）注意事项

（1）确保活动场地平整，无障碍物，避免幼儿在活动中摔倒。

（2）教师应密切关注幼儿的动作，及时纠正不正确的姿势，保证每个幼儿动作规范。

（3）在活动过程中，幼儿要保持前后左右的间距，避免相互碰撞。

三、动力回收站——小熊推墙

（一）活动目的

幼儿在跳跃过程中，身体肌肉特别是腿部肌肉频繁收缩，引起乳酸分泌过多，导致肌肉酸痛和疲劳。为了缓解这种不适感，促进乳酸的分解，缓解腿部肌肉疲劳，幼儿应在运动结束后进行必要的拉伸。本环节设计了"小熊推墙"的拉伸活动，这一环节在教学中不可或缺，教师应引导幼儿认真完成。

（二）活动具体步骤

（1）准备姿势：幼儿面向墙站直，双脚并拢，保持自然站姿。保持与墙面约一步的距离，双手自然下垂，目视前方。

（2）开始动作：教师发出"推"的指令，幼儿翘起脚尖接触墙面，一条腿向后伸直，双手撑住墙面。后脚跟踩实地面，身体前倾，感觉小腿腓肠肌的拉伸。保持姿势10秒，然后恢复初始站姿。

（3）深化拉伸：教师再次发出"推"的指令，幼儿换另一条腿向后伸直，双手继续撑住墙面。后脚跟踩实地面，身体前倾，拉伸另一侧小腿后侧肌群。保持姿势10秒，然后恢复初始站姿。

（4）保持姿势：重复上述动作，交替拉伸双腿，每次保持10秒。每侧腿重复5次，确保每名幼儿都能充分拉伸小腿腓肠肌。

（5）缓慢恢复：拉伸结束后，幼儿慢慢恢复站立姿势，双手轻轻放下。进行轻微的全身抖动和深呼吸，放松全身肌肉，缓解拉伸后的紧张感。

注意事项

（1）确保安全：检查场地和墙面的稳定性，确保幼儿在拉伸过程中不会滑倒或受伤。

（2）动作指导：教师需密切关注幼儿的动作，确保他们的姿势正确，避免拉伤肌肉。

（三）总结鼓励

在活动结束后，教师对整个活动进行总结，表扬幼儿在原地纵跳活动中的出色表现。强调动作规范性的重要性，如屈膝半蹲、用力蹬地、空中展体和落地缓冲的具体动作要领。鼓励幼儿在未来的活动中继续保持积极的态度，注重团队合作精神，通过不断的练习和自我管理来更有效地应对各种挑战。同时，通过活动增强他们的自信心，提高其身体协调能力和运动能力。

四、家庭总动员

家长与幼儿共同参与的家庭活动，不仅可以加深幼儿对原地纵跳的理解，还能让他们从家庭的支持和鼓励中增强自信心和自我效能感。基于此，本环节设计了三项家庭活动，将幼儿园的教学延伸到家庭环境中。这些活动不仅能增强家庭成员间的互动，鼓励家长更加积极地参与到幼儿的日常学习中，共同创建充满爱与学习的家庭环境，也能巩固和拓展幼儿在幼儿园学到的运动技能和知识，促进幼儿的综合发展。

1. 动画时间到

家长与幼儿一起观看一部以"弹跳探险"为主题的动画片，动画片重点呈现以下情节：

（1）动物通过连续垂直跳跃穿越障碍（保持身体核心收紧）。

（2）角色用旋转跳跃躲避陷阱（如"Z"形弹跳绕过）。

观看结束后，家长和幼儿进行以下互动。

（1）讨论：动物跳跃时为什么要像弹簧一样垂直起落？如果歪着身子跳会怎么样？

（2）鼓励幼儿尝试像动物一样，在遇到障碍或者陷阱时，通过双脚用力蹬地向上跳起，落地时要保持身体平衡。

2. 绘本小世界

家长与幼儿一起阅读一本以"竞争与合作"为主题的绘本，绘本要描述以下情节：

（1）角色团队根据地面标记切换跳跃模式。

（2）通过"你数节奏我摆臂"的默契配合完成双人同步跳高挑战。

阅读过程中可以向幼儿提问：

（1）你跳起来的时候为什么要把膝盖抬高？如果拖着脚跳会发生什么？

（2）你能用乐高小人演示"先深蹲蓄力，再像火箭发射一样向上跳"的动作吗？

3. 一起动一动

（1）平板支撑：每次30秒，共做3次，每次间隔休息30秒。这个练习可以增强幼儿的核心力量和耐力。

（2）后抬腿摸脚踝：每组10次，共做2组。这个练习可以增强幼儿的腿部力量和灵活性。

（3）前抬腿摸脚踝：每组10次，共做2组。这个练习可以提升幼儿的协调能力和柔韧性。

4. 中间休息

每项练习之间休息30秒，让幼儿有足够的时间恢复体能，确保运动效果。

5. 奖励措施

为了鼓励幼儿在家积极参与这些活动，可以通过开展班级竞赛的方式增加对幼儿的激励。例如：家长可以记录幼儿参与活动的情况，并提交给教师，幼儿可以根据参与度

获得小红星奖励。这不仅能够增加幼儿的参与感，还能通过积极的反馈激发他们继续练习和提升的动力。

五、活动教学评价

（一）幼儿评价

在整个活动过程中，幼儿评价的目的是了解幼儿在各项活动中的表现，评价他们的技能掌握程度和行为态度，并明确他们在未来学习中需要加强的方面。这种评价有助于教师调整教学策略。表 5.1 是对幼儿在本次活动中表现的具体评价。

表 5.1　对幼儿在本次活动中表现的具体评价

幼儿评价	做得好的方面（动作、态度）	还需要努力的方面
原地纵跳	☆☆☆☆☆	☆☆☆☆☆

（二）教师教学评价与反思

_____

_____

_____

_____

_____

_____

_____

_____

_____

第二节　勇敢小伞兵

课程目标

本节课程旨在教会幼儿高跳下的正确姿势及动作，通过跳箱的跳跃练习，强化幼儿的落地意识，发展幼儿下肢肌肉的离心力量，提升幼儿的身体协调性和自信心。通过系统训练，帮助幼儿掌握高跳下的基本技巧，提高他们的运动能力，增强应对挑战的勇气。

动作练习

高跳下。

动作视频

高跳下是一种从高处（如跳箱或平台）向地面跳跃的动作。该动作需要参与者用合理的身体姿势和控制技巧，确保在空中和落地时的安全与平稳。该动作能够发展幼儿的下肢力量和身体协调能力。

活动要领

（1）**预备姿势**：幼儿站在跳箱边缘，两脚与肩同宽站立，屈膝半蹲以降低重心，上身前倾，双臂自然垂放在身体两侧，目视前方，集中注意力，保持身体稳定。

（2）**起跳与腾空**：起跳时，双臂由后向前摆动，双脚有力蹬地。在空中，身体尽量保持伸展状态。

（3）**落地屈膝缓冲**：落地时，双脚先接触地面，膝盖稍微弯曲进行缓冲，重心稍向前移动。确保膝盖与脚尖方向一致，避免内扣或外翻，迅速恢复站立姿势，准备进行下一次起跳。

活动目标

1. 知识目标

提高幼儿对高跳下的认识，特别是跳跃的基本动作要领和注意事项。教师通过详细的讲解和示范，帮助幼儿了解高跳下时的姿势、手臂摆动以及重心控制等关键要素，确保幼儿在活动中能够掌握正确的动作，降低受伤的风险。

2. 能力目标

通过系统的跳跃练习，锻炼幼儿的腿部肌肉，增强幼儿的下肢力量和身体平衡能力。同时，通过反复练习，提升幼儿的身体协调能力和控制能力，使他们在跳跃过程中能够保持稳定和平衡。

3. 素质目标

激发幼儿对跳跃活动的兴趣，培养他们不怕困难、敢于尝试的良好品质。在练习过程中，提升幼儿的专注力和反应能力，通过团队合作和同伴之间的相互鼓励，培养幼儿的合作意识和集体荣誉感。

活动重难点

1. 重点

本活动的重点是蹬地有力且积极摆臂。起跳时要充分利用腿部力量，通过强有力的蹬地动作提升身体跳跃高度。同时，在跳起过程中，双臂要积极配合摆动，以增加跳跃的动力和稳定性。

2. 难点

本活动的难点是落地的控制。高跳下时，由于重力和速度的影响，落地瞬间会产生较大的冲击力。因此，需要掌握好落地的技巧，确保前脚掌先着地，并通过屈腿、上体稍前倾等动作来缓冲落地冲击力，避免受伤。此外，落地后要保持身体平衡，平举双臂有助于维持身体稳定。

活动内容

一、身体总动员——萝卜蹲

（一）活动目的

本活动能够激活幼儿的身心状态，达到热身的目的，同时激发幼儿的运动兴趣，培养他们的心理素质和反应能力，增强幼儿的体能素质，促进身体的协调性和灵活性的发展，提高他们的注意力、观察力和反应速度。

（二）场地器材

1. 场地需求

宽敞、平坦、安全的室内或室外场地，确保活动过程中场地内没有障碍物。

2. 器材准备

不同颜色的帽子或头饰，每组幼儿一套，用于区分不同的"萝卜"；音响设备（可选）播放欢快的背景音乐，增加活动的趣味性和节奏感。

（三）活动具体步骤

1. 准备工作

教师准备好不同颜色的标志物，并在场地上划分出各组的活动区域。向幼儿简单介绍游戏规则，并进行示范。

2. 分组环节

幼儿根据自己的喜好选择一种颜色的标志物。教师根据幼儿选择的颜色将其分成若干组，每组选择颜色相同的幼儿代表所选颜色的"萝卜"，如红萝卜、白萝卜、黄萝卜等。

3. 游戏开始

教师带领幼儿按照"红萝卜蹲，红萝卜蹲，红萝卜蹲完白萝卜蹲"的节奏进行游戏。具体规则为：当教师或某组幼儿喊出某个颜色的"萝卜蹲"时，该组幼儿需要迅速蹲下，并大声喊出下一个组的颜色，如"红萝卜蹲完白萝卜蹲"。幼儿蹲下时呈屈膝状态，双手放于膝盖上，以保持平衡和稳定。游戏开展3个回合，每个回合可以逐渐加快节奏，以增加游戏的挑战性。

4. 结束环节

游戏结束后，教师对幼儿的表现进行点评和表扬，鼓励积极参与和表现优异的幼儿。

（四）注意事项

（1）安全第一：教师在活动开始前应仔细检查场地，确保无障碍物或危险物品，避免幼儿在活动中受伤。

（2）合理分组：根据幼儿的年龄和体能状况进行合理分组，确保每组的幼儿数量和能力相对均衡。

（3）及时指导：教师在活动过程中应时刻关注幼儿的表现，及时进行指导和纠正，避免幼儿因动作不正确而受伤。

二、能量大爆发——勇敢小伞兵

（一）活动目的

本活动能促进幼儿前庭觉的发展，提升幼儿的本体觉，培养幼儿的弹跳能力。本活动旨在锻炼幼儿的腿部力量、平衡能力和全身协调性，同时提高他们的注意力和反应速度。在活动中，幼儿能够通过不断挑战自我，克服心理障碍，增强自信心，并培养团队合作意识和互助意识。

（二）场地器材

1. 场地需求

宽敞、安全的室内或室外场地，确保每名幼儿有足够的活动空间。

2. 器材准备

（1）跳箱（多种高度），用于不同难度的跳跃挑战。

（2）安全垫子，铺设在跳箱周围和落地点，用于确保幼儿安全。

（3）小旗子或标志物，用于标识跳跃区域和安全区。

（4）音响设备，可以播放激励音乐，增加活动的趣味性和节奏感。

（三）活动具体步骤

1. 任务一：跳方块

（1）准备阶段：教师提前在场地上摆好跳箱，按从高到低的顺序排列，确保每个跳箱之间有足够的安全间距。教师向幼儿简单介绍活动规则和注意事项，并示范跳跃动作。幼儿进行热身运动，如拉伸、慢跑等，确保充分热身，降低受伤风险。

（2）实操阶段：幼儿依次排队，按照顺序进行跳跃，从低跳箱开始，逐渐挑战更高的跳箱。幼儿跳上跳箱，然后再跳下来，过程中注意腿部发力，身体前倾，摆动双臂利用惯性助力。落地时稳住身体避免摔倒，注意协调四肢，集中注意力，找准落地点，用力蹬地起跳。教师在一旁给予指导和保护，及时纠正幼儿的动作，并鼓励幼儿大胆尝试。

（3）总结反思：游戏结束后，教师带领幼儿进行简单的放松活动，帮助他们恢复平静。教师对幼儿的表现进行点评和表扬，鼓励他们继续保持勇敢和积极的态度以应对生活中的挑战。

2. 任务二：跳高山

（1）准备阶段：教师根据幼儿的实际情况和能力水平，摆放不同高度的跳箱，并确保跳箱之间有足够的安全间距。教师向幼儿详细介绍活动规则和注意事项，并示范跳跃动作。幼儿进行充分的热身运动，确保身体状态良好，降低受伤风险。

（2）实操阶段：幼儿依次排队，根据自己的能力选择适合的跳箱高度进行挑战。教师鼓励幼儿尝试新的高度，并对他们的勇敢表现给予肯定和表扬。幼儿起跳时双腿打开与肩同宽，摆动双臂助力，屈膝，身体前倾重心前移，目光找准落地点，用力蹬地起跳。教师在一旁给予指导和保护，及时纠正幼儿的动作，并鼓励幼儿挑战自我。

（3）总结反思：活动结束后，教师对幼儿的表现进行点评和表扬，尤其要表扬那些勇敢挑战高难度跳箱的幼儿，并分发小红星以示鼓励。同时，鼓励幼儿分享自己的感受和经验，提高他们的自信心和团队合作意识。

> **小贴士**
>
>
> （1）起跳时，双腿打开与肩同宽，身体前倾，摆动双臂助力。
> （2）落地时，屈膝缓冲，确保四肢协调，目光始终找准落地点。

（四）注意事项

（1）安全第一：在活动前，教师需仔细检查场地和器材，确保没有障碍物和潜在危险。活动中，教师要密切关注每个幼儿的状态，及时纠正不规范的动作，防止幼儿摔倒等意外发生。

（2）合理控制活动强度：教师要根据幼儿的年龄和体能情况，合理安排活动强度，避免过度疲劳。如果有幼儿在活动中感到不适，应立即停止活动，并给予必要的照顾，安排幼儿休息。

三、动力回收站——我是不倒翁

（一）活动目的

在运动锻炼过程中，身体肌肉频繁收缩会引起乳酸分泌过多，导致肌肉疲劳和酸痛。因此，在运动结束后进行静态拉伸可以促进血液循环，缓解运动后的疲劳和不适。本环节设计了"我是不倒翁"的拉伸活动，这一环节在教学中必不可少，教师要带领幼儿认真完成这一环节，以确保他们的身体得到充分的放松和恢复，预防运动损伤。

（二）活动具体步骤

（1）准备姿势：幼儿站立，双脚开立比肩宽，呈"大"字形，双手在胸前握拳。保持背部挺直，目视前方，放松肩部。

（2）开始动作：慢慢将重心向左侧移动，左膝缓慢弯曲，右腿保持伸直，感受左腿内侧的拉伸。双手依然在胸前握拳，保持身体的平衡和稳定。

（3）深化拉伸：在左侧保持弯曲姿势的同时，稍微加大拉伸力度，尽量让左膝弯曲到最大限度，但不过度用力，避免拉伤。保持深呼吸，尽量使身体放松，增强拉伸效果。

（4）保持姿势：维持上述拉伸姿势10～15秒，注意保持均匀呼吸。感受肌肉的拉伸感，但不要感到疼痛。

（5）缓慢恢复：慢慢将重心恢复到中间位置，左腿逐渐伸直。换方向做相同的动作，将重心向右侧移动，右膝缓慢弯曲，左腿保持伸直，重复拉伸步骤。

注意事项

（1）动作缓慢：每个动作都要缓慢进行，避免快速移动重心，防止肌肉拉伤。教师应示范正确的动作，并提醒幼儿动作要轻柔、缓慢。

（2）注意呼吸：在拉伸过程中，幼儿应保持均匀的呼吸，避免屏气或呼吸急促。教师可以引导幼儿进行深呼吸，帮助他们放松身体。

（3）个体差异：对于柔韧性较差或有特殊情况的幼儿，教师应予以辅助并进行适当的调整，确保他们安全并感觉舒适。

（三）总结鼓励

在所有活动结束后，教师总结幼儿在高跳下活动中的表现，特别指出他们在活动时展现的动作技巧和反应的灵敏性。教师要强调正确的高跳下姿势，如起跳前的准备动作、手脚协调配合和手臂的摆动，这些都是做好动作的关键。通过此次活动，幼儿学习了如何在保护自己的前提下从高处跳下，这不仅增强了他们的体能，也锻炼了他们解决问题的能力。教师鼓励幼儿在未来的活动中继续保持这种积极探索和学习新技能的态度，使他们在各种生活场景中都能自信地应对挑战。

四、家庭总动员

家庭总动员的目的是将幼儿园的教学延伸到家庭环境中，增强家庭成员间的互动，巩固和拓展幼儿在幼儿园学到的运动技能和知识。共同参与的家庭活动不仅可以加深幼儿对直线爬行和绕杆爬行方式的理解，还能在家庭的支持和鼓励下，增强他们的自信心和自我效能感。此外，这一部分的设计也意在鼓励家长更加积极地参与到幼儿的日常学习中，共同创建充满爱与学习氛围的家庭环境。基于此，本环节设计了三项家庭活动，鼓励家长与幼儿共同参与，以加强家庭成员间的互动，促进幼儿的综合发展。

1. 动画时间到

家长与幼儿一起观看一部以"公平竞赛与互助成长"为主题的动画片，动画片重点呈现以下情节：

（1）小动物们赛跑时主动退回起跑线等待发令。

（2）小动物停止赛跑，帮助跌倒的队友。

观看结束后，家长和幼儿进行以下互动。

（1）讨论：动物为什么不通过更近的赛道进行比赛？如果偷偷跑过去会怎么样？

（2）鼓励幼儿尝试像动物一样，跑五步后弯腰扶起摔倒的娃娃，完成比赛时击掌说："我们一起到终点！"

2. 绘本小世界

家长与幼儿一起阅读一本以"勇气与安全着陆"为主题的绘本，绘本描述了小动物团队运用"高跳技巧"突破重重难关：

（1）从高处屈膝跳下（脚掌抓地缓冲，双臂张开）。

（2）极限高跳下（抱团翻滚三圈卸力，身体蜷缩成安全球）。

（3）在悬崖边弹跳摘星星（触地瞬间，前脚画半圆稳定重心）。

阅读过程中可以向幼儿提问：

（1）你跳下时为什么要把膝盖弯成小弹簧？如果腿直着落到地面会怎么样？

（2）你能用沙发垫和抱枕搭个"跳跳云"吗？

家长和幼儿从台阶跳下后学熊猫滚三圈，比比谁滚得最圆。

3. 一起动一动

（1）做平板支撑30秒，共做3次。这项练习有助于增强幼儿的核心力量和耐力。

（2）左右脚单脚跳30秒，每只脚各做2次。这个活动可以提高幼儿的平衡能力，增强腿部力量。

4. 中间休息

每项练习之间休息15秒，让幼儿有足够的时间恢复，确保运动效果。

5. 奖励措施

为了鼓励幼儿在家积极参与这些活动，可以通过开展班级竞赛的方式增加对幼儿的激励。例如，家长可以记录幼儿参与活动的情况，并提交给教师，幼儿可以根据参与度获得小红星奖励。这不仅能够增加幼儿的参与感，还能通过积极的反馈激发他们继续练习和提升的动力。

五、活动教学评价

（一）幼儿评价

在整个活动过程中，幼儿评价的目的是了解幼儿在各项活动中的表现，评价他们的技能掌握程度和行为态度，并识别他们在未来学习中需要加强的方面。这种评价有助于教师调整教学策略。表5.2是对幼儿在本次活动中表现的具体评价。

表5.2 对幼儿在本次活动中表现的具体评价

幼儿评价	做得好的方面（动作、态度）	还需要努力的方面
高跳下	☆☆☆☆☆	☆☆☆☆☆

（二）教师教学评价与反思

第三节　跳　跳　糖

课程目标

本节课程旨在教会幼儿正确的跳跃动作。通过系统的训练和有趣的跳跃游戏，幼儿能够掌握跳跃的基本技巧，并借助障碍物进行跳跃练习，增强下肢的爆发力，提升上、下肢协调能力和动作节奏感，增强心肺功能。在这个过程中，幼儿不仅能够增强身体素质，还能培养对运动的兴趣，进而树立自信心。通过反复练习，幼儿将学会如何在不同的环境中灵活运用跳跃技能，在锻炼他们的运动能力和协调能力的同时，为未来参加其他体育活动打下坚实的基础。

动作练习

双脚连续跳。

动作视频

双脚连续跳指的是幼儿双脚同时离地并连续跳跃的动作。双脚连续跳要求幼儿双脚并拢，同时离地，并在空中保持平衡和协调，最终以平稳的姿态落地。连续跳跃的练习不仅可以增强下肢力量，还能培养幼儿的节奏感和耐力。

活动要领

（1）**起跳姿势**：在准备起跳时，幼儿双脚并拢，双膝微屈，重心稍微下移。起跳时，双臂迅速由后向前上摆臂，同时双脚用力蹬地，身体向上跳起。要求幼儿保持身体平衡，避免过度前倾或后仰。

（2）**腾空摆臂**：在空中时，要求幼儿保持双脚并拢，双臂自然摆动，保持身体重心平稳。通过连续跳跃练习，逐步提高幼儿在空中控制身体的能力和身体协调性。

（3）**落地屈膝缓冲**：在落地时，要求幼儿注意双脚同时落地，双膝微屈。双膝微屈可以起到缓冲作用，减少对膝盖的冲击。落地时身体重心微向前移，以保持平衡。教师应提醒幼儿在落地瞬间保持身体核心的稳定，避免摔倒或失去平衡。

活动目标

1. 知识目标

本次活动旨在增强幼儿对双脚跳跃正确动作的认识。幼儿将学习并了解双脚向上跳跃、前后跳跃、左右跳跃的基本动作要领和注意事项，建立对不同跳跃方式的基础认知。

2. 能力目标

通过反复练习双脚向上、前后、左右跳跃，幼儿将掌握跳跃的基本技能。这些练习不仅有助于提高幼儿的动作节奏感和上、下肢的协调性，还能增强他们的下肢爆发力，提升幼儿的整体运动能力。

3. 素质目标

活动旨在激发幼儿对跳跃的兴趣，使他们在运动中找到乐趣。同时，通过不断的练习和挑战，幼儿的身体素质将得到提升。活动还能锻炼幼儿的专注力，培养他们敢于尝试、不怕挫折、克服困难的良好品质，增强他们的自信心。

活动重难点

1. 重点

本活动的重点是双脚并拢蹬地发力向前跳跃。在练习中，幼儿需要集中注意力，确保每次起跳时双脚并拢，双脚有力蹬地，身体向前跃起。这个动作是所有跳跃练习的基础，要求幼儿在起跳和落地时都保持双脚并拢的姿势，以确保动作的规范性和有效性。

2. 难点

本活动的难点是跳跃过程中上、下肢协调发力以及身体核心收紧。在跳跃的过程中，幼儿需要学会协调上、下肢的动作，同时保持身体核心的稳定。双臂需要与双脚协调发力，在起跳时向后摆动，然后迅速向前摆臂以助力起跳。核心肌肉的收紧不仅有助于保持身体平衡，还能提高跳跃的高度和稳定性。这对于幼儿来说是一个较大的挑战，需要通过反复的练习逐渐掌握。

活动内容

一、身体总动员——老鹰捉小鸡

（一）活动目的

本活动的目的是全面激活幼儿的身心状态，在达到热身效果的同时激发幼儿对运动的兴趣。游戏过程中，幼儿将学习并实践快速反应、协调移动和团队合作的技能。此外，本活动还将帮助幼儿增强体力，培养他们身体的灵活性和敏捷性，并在快乐的游戏过程中提升他们的社交能力，掌握一定的沟通技巧。

（二）场地器材

1. 场地需求

户外草地或宽敞的室内场地，确保地面平整且无障碍物，以保证幼儿的安全。

2. 器材准备

一些标志物（如小旗子或圆锥体），用来划分游戏区域。

（三）活动具体步骤

1. 角色分配

选择一名幼儿当"母鸡"，负责保护其他幼儿。选择另一名幼儿当"老鹰"，负责捉"小鸡"。其余的幼儿扮演"小鸡",依次在"母鸡"后抓住前一位"小鸡"的衣角,排成一队。

2. 游戏准备

"母鸡"和"小鸡"站在一边,"老鹰"站在对面,双方相对而立。教师简要介绍游戏规则和注意事项,确保每名幼儿都理解游戏流程和安全要求。

3. 游戏开始

"老鹰"发出叫声并开始做"赶鸡"的动作,"母鸡"则极力保护身后的"小鸡"。"老鹰"围绕着"母鸡"和"小鸡"转圈,试图找到机会捉住排在最后面的"小鸡"。"母鸡"和"小鸡"紧密配合,左躲右闪,避免被"老鹰"捉住。游戏过程中,"母鸡"需要保持队伍的完整性,防止"小鸡"脱离队伍。"老鹰"在捉"小鸡"时要注意速度和力度,确保不会推搡到其他幼儿。

4. 游戏结束

当"老鹰"成功捉到一只"小鸡"时,被捉的"小鸡"成为下一轮游戏中的"老鹰",原来的"老鹰"可以选择成为"母鸡"或"小鸡"。轮换角色,让每名幼儿都有机会体验不同的角色,享受游戏的乐趣。

(四)注意事项

(1)安全第一:确保游戏场地平整,无障碍物,防止幼儿摔倒或受伤。提醒幼儿在游戏中保持身体重心平稳,避免推搡和剧烈碰撞。

(2)角色轮换:定期轮换角色,让每名幼儿都能体验当母鸡、老鹰和小鸡的乐趣,避免长时间扮演同一个角色导致幼儿疲劳或失去兴趣。

二、能量大爆发——跳跳糖

(一)活动目的

本活动旨在通过双脚连续跳跃的练习,全面提升幼儿的下肢爆发力和身体协调性。通过不同形式的跳跃练习,培养幼儿动作的节奏感和上、下肢的协调能力。同时,活动能激发幼儿对跳跃的兴趣,增强他们的体力和耐力,提高他们的专注力,还能锻炼毅力。

(二)场地器材

1. 场地需求

宽敞平坦的户外草地或室内场地,确保场地无障碍物,以保证幼儿的安全。

2.器材准备

彩虹圈（若干）、跳袋（每名幼儿一个）、标志物（如小旗子或圆锥体）用来划分游戏区域。

（三）活动具体步骤

1.任务一：跳得高又高

（1）准备阶段：幼儿根据现场情况排成几排，每排间隔适当的距离。教师站在最前面，示范并讲解跳跃动作要领和注意事项。教师带领幼儿进行简单的热身活动，包括拉伸和小跑，以激活身体状态。

（2）实操阶段：幼儿跟随教师的指令，双臂向后摆动，准备起跳。当教师发出指令时，幼儿双臂向前摆动的同时，双脚有力蹬地向上起跳。在空中时，要保持身体平衡，双脚并拢。落地时，双脚同时着地，屈膝缓冲，避免对膝盖和脚踝造成冲击。多次重复练习，每次跳跃后休息片刻，再进行下一次跳跃。

2.任务二：跳得远又稳

（1）准备阶段：幼儿根据现场情况排成三列，每列间隔适当的距离。教师在队列前的地上摆放彩虹圈，确保每名幼儿都有足够的空间进行跳跃。幼儿穿上跳袋，确保袋子大小合适并安全。

（2）实操阶段：幼儿站在跳袋里，双脚并拢准备起跳。教师发出指令后，幼儿双臂向后摆动，准备跳进彩虹圈。双臂向前摆动的同时，双脚用力蹬地向前跳进彩虹圈。在空中时，保持身体平衡，双脚并拢。落地时，双脚同时着地，屈膝缓冲，确保身体平稳。多次重复练习，并通过比赛的方式调动幼儿的积极性，比一比哪一组前进得最快、最稳。

小贴士

（1）起跳时双臂积极摆动，增加跳跃的力量和距离。

（2）落地时屈膝缓冲，避免对关节造成过大的压力，确保落地平稳。

（四）注意事项

（1）安全第一：确保游戏场地平整，无障碍物，防止幼儿摔倒或受伤。

（2）间隔与距离：提醒幼儿在跳跃时保持前后左右的安全距离，防止在跳跃过程中相互碰撞。

（3）动作规范：教师在示范时应强调动作的规范性，特别是起跳和落地的姿势。在练习过程中，教师需要不断观察和指导幼儿的动作，确保每名幼儿都能正确完成动作。

三、动力回收站——小脚丫找朋友

（一）活动目的

在经历了剧烈的体育活动后，幼儿的肌肉可能会因频繁收缩而积累过多的乳酸，导致肌肉疲劳、酸痛和僵硬。本环节设计了"小脚丫找朋友"的拉伸活动，设计本活动的目的是通过静态拉伸和肌肉按摩，帮助幼儿减轻不适感，促进血液循环，加速代谢废物的排出，提高肌肉的恢复速度。

（二）活动具体步骤

（1）教育意义的讲解：在活动开始前，教师向幼儿简要解释乳酸的形成原因以及放松肌肉的重要性。

（2）动作指导：教师做示范，先坐在地上，双腿伸直并拢，然后慢慢抬起一条腿，用双手去触摸脚尖，感受大腿后侧肌肉的拉伸。换另一条腿，重复上述动作。教师可以引导幼儿边做动作边数数，增加互动性。

（3）动作实践：在教师的帮助下，每名幼儿进行抬脚和伸手拉伸，教师逐一指导，确保每个动作的准确性和效果。拉伸时间约为1分钟，注意保持均匀呼吸，感受肌肉的拉伸感。

（4）放松呼吸：完成肌肉拉伸后，进行一系列放松呼吸练习，帮助幼儿平复心跳，进一步放松身心。

注意事项

（1）确保所有的动作都在教师的监督下进行，以防幼儿因自行操作不当导致受伤。

（2）调整每名幼儿拉伸的力度和时间，以适应不同幼儿的需求。

（三）总结鼓励

教师对本次活动进行总结，幼儿们表现出色，并展现了高度的参与热情。每名幼儿都积极参与了双脚连续跳的练习，不仅掌握了基本的跳跃动作要领，还通过反复练习提升了下肢爆发力和身体协调性。特别是在跳得高和跳得远的任务中，幼儿通过双臂摆动和双脚蹬地的动作协调，成功实现了高跳和远跳的目标。许多幼儿在练习中逐渐克服了最初的紧张和不安，表现出了勇敢尝试的精神并不断进步。教师要鼓励幼儿继续保持这种积极向上的态度，勇于挑战自我，在未来的运动中取得更大的进步。

四、家庭总动员

家庭总动员的目的是将幼儿园的教学延伸到家庭环境中，增强家庭成员间的互动，巩固和拓展幼儿在幼儿园学到的运动技能和知识。共同参与的家庭活动，不仅可以加深幼儿对双脚连续跳动作的理解，还能在家庭的支持和鼓励下，增强他们的自信心和自我效能感。此外，这一部分的设计也意在鼓励家长更加积极地参与到幼儿的日常学习中，共同创建充满爱与学习氛围的家庭环境。基于此，本环节设计了三项家庭活动，鼓励家长与幼儿共同参与，以加强家庭成员间的互动，促进幼儿的综合发展。

1. 动画时间到

家长与幼儿一起观看一部以"弹跳韵律与空间感知"为主题的动画片，动画片重点呈现以下情节：

（1）小动物用连续跳穿越障碍物（脚尖轻触弹簧顶端，落地时屈膝蓄力）。

（2）角色用双人同步跳破解机关（跳跃中击掌传递节奏，脚掌外扩防止打滑）。

观看结束后，家长和幼儿进行以下互动。

（1）讨论：动物的脚尖动作为什么像蜻蜓点水？如果重重地踩脚会吵醒其他小动物吗？

（2）家长与幼儿一起挑战家庭跳跳乐：用瑜伽垫拼出"弹簧—地刺—荷叶"路线，边跳边喊："'嗒——嗒——嗒'不能断！"

2. 绘本小世界

家长与幼儿一起阅读一本以"跳跃韵律与空间感知"为主题的绘本，绘本描述了小动物团队运用"连续弹跳策略"攻克障碍的过程：

（1）三连跳穿越河流（脚掌轻触浮板中心，防止侧翻）。

（2）跳格子通过岩石机关（落地时屈膝缓冲，保持平衡）。

（3）弹跳越过小石桥。

阅读过程中可以对幼儿提问：

（1）你跳跃时为什么要数"1——2——啪"？如果两脚分开跳会怎么样？

（2）你能用地垫拼出一个跳跳阵吗？

家长和幼儿一起连续跳10次不中断，解锁秘密通道。

3. 一起动一动

（1）双脚原地纵跳练习：每组10次，共跳2组。双脚并拢，双臂自然摆动，向上跳跃，尽量跳得高，保持动作连贯。

（2）双脚前后跳跃：每组10次，共跳2组。双脚并拢，向前跳一步，再向后跳一步，注意保持身体平衡和动作协调。

（3）双脚左右跳跃：每组10次，共跳2组。双脚并拢，向左跳一步，再向右跳一步，确保双脚同时起跳和落地。

4. 中间休息

每项练习之间休息15秒，帮助幼儿恢复体力，避免过度疲劳。

5. 奖励措施

为了鼓励幼儿在家积极参与这些活动，教师可以提议开展一项班级竞赛，通过家长提交的视频或照片证明参与情况，幼儿可以据此获得小红星奖励。这不仅增加了家庭成员参与的乐趣，还有助于幼儿形成持续学习和锻炼的良好习惯。通过这些精心设计的活动，幼儿不仅能在幼儿园得到学习和锻炼，还能在家与家人一起继续实践并享受学习的乐趣，使他们的身心得到全面发展。

五、活动教学评价

（一）幼儿评价

在整个活动过程中，幼儿评价的目的是了解幼儿在各项活动中的表现，评价他们的技能掌握程度和行为态度，并识别他们在未来学习中需要加强的方面。这种评价有助于教师调整教学策略。表5.3是对幼儿在本次活动中表现的具体评价。

表 5.3　对幼儿在本次活动中表现的具体评价

幼儿评价	做得好的方面（动作、态度）	还需要努力的方面
双脚连续跳	☆☆☆☆☆	☆☆☆☆☆

（二）教师教学评价与反思

第四节 石头剪刀布

课程目标

本节课程的主要目标是通过趣味性的石头剪刀布游戏，教会幼儿正确的跳跃动作，特别是开合跳。这一活动不仅能强化幼儿的四肢协调能力，还能提高他们的专注力和反应能力。通过游戏的方式，幼儿能在轻松愉快的氛围中锻炼身体，同时培养团队合作精神和竞争意识。

动作练习

开合跳。

动作视频

开合跳是一种通过双脚和双手同时进行开合动作的全身性锻炼方式。幼儿需要从站立位开始，跳起时双脚向外张开，双手从身体两侧举到头顶上方；落地时双脚并拢，双手回到身体两侧。重复这一系列动作，以达到锻炼的目的。

活动要领

（1）**起始姿势**：幼儿需要身体站直，抬头挺胸，眼睛直视前方，双手放松垂在身体两侧。确保全身放松，准备好后做下一个动作。

（2）**起跳动作**：起跳的时候，双脚向外张开，双臂侧举；再次起跳时，双脚并拢，双臂上举过头顶且掌心合十。保持身体核心收紧，控制好身体重心。

（3）**落地动作**：跳回地面的时候，脚尖先落地，膝盖微屈，减小冲击力，避免骨折。双脚和双手回到原位，身体恢复到起始姿势，准备下一次跳跃。

活动目标

1. 知识目标

本小节的学习可提高幼儿对开合跳正确动作的认识，即幼儿能够了解开合跳的基本动作要领和注意事项。通过对这些知识的学习，幼儿能够掌握基本的跳跃技巧，并加深对跳跃运动的理解和认知。

2. 能力目标

通过双臂高举、双脚开立跳跃的练习，幼儿将掌握开合跳的基本技能，重点在于提高动作稳定性和上、下肢的协调性。在反复练习中，幼儿将学会如何在跳跃过程中保持身体平衡，以及如何协调双臂和双腿的动作，确保开合跳动作的规范性和一致性。

3. 素质目标

有趣的开合跳游戏可以激发幼儿对该活动的兴趣，并培养幼儿敢于尝试、不怕挫折、克服困难的良好品质。在活动过程中，通过教师的鼓励和引导，幼儿在树立自信心的同时，也能在活动中感受到成就感和快乐，并逐步形成积极向上的态度，培养团队合作意识。

活动重难点

1. 重点

（1）双脚用力要均匀。在进行开合跳时，幼儿需要注意双脚用力均匀，确保跳跃的高度和幅度一致。

（2）落地屈膝缓冲。在跳跃结束时，幼儿应注意先用脚尖轻轻落地，随即屈膝缓冲，以减轻跳跃对膝盖和脚踝的冲击力。正确的落地姿势不仅有助于保护身体各关节，还能帮助幼儿在跳跃中保持平衡，防止受伤。

2. 难点

（1）身体姿态的平稳控制。在跳跃过程中，保持身体平稳并控制姿态是一个难点。幼儿需要在空中保持身体的稳定性，避免身体左右摇晃或前后倾斜。这要求幼儿具有较强的核心力量和身体控制能力。

（2）上、下肢的协调配合。开合跳需要幼儿同时协调双臂和双腿的动作，这对于他们的协调能力提出了较高的要求。特别是在双腿分开和并拢的同时，双臂也要做出配合的动作，这对于幼儿的协调能力和注意力来说是一个挑战。通过反复练习和教师的指导，幼儿可以逐渐掌握动作要领，提高动作的流畅性和协调性。

活动内容

一、身体总动员——炸弹来啦

（一）活动目的

本活动的目的是激活幼儿的身心状态，在达到热身效果的同时，激发幼儿的运动兴趣。通过模拟紧急情况的游戏方式，锻炼幼儿的反应能力和敏捷性。幼儿在游戏中不仅能锻炼身体，还能提高肢体协调性和团队合作意识。

（二）场地器材

1. 场地需求

宽敞、平坦的室内或室外活动场地，保证每名幼儿有足够的活动空间，避免幼儿之间发生碰撞或摔倒。

2. 器材准备

无须特殊器材，只需在场地内画一个圆圈，使用彩色标志物或地贴划分跑动范围，确保幼儿能够清楚地看到并遵循活动路线。

（三）活动具体步骤

1. 准备阶段

教师向幼儿详细讲解游戏规则，确保每名幼儿都理解活动的流程和注意事项。教师可以进行一次示范，让幼儿直观地理解游戏的规则。

2. 游戏开始

（1）绕圈奔跑：所有幼儿按照规定的圆圈路线绕圈奔跑，教师站在圆圈中央。

（2）指令响应：当教师说"炸弹来啦"时，所有幼儿需迅速找到空地蹲下，双手抱头，模拟紧急避险的动作。当教师说"炸弹炸了"时，所有幼儿需迅速站立，双手高举过头顶，模拟躲避炸弹的姿势。

3. 重复练习

反复练习上述步骤5次，每次指令的间隔时间可逐渐缩短，以增加游戏的难度和趣味性。教师可以适时调整节奏，确保每名幼儿都能积极参与游戏。

（四）注意事项

（1）安全第一：确保活动场地平坦、无障碍物，防止幼儿在跑动或蹲下时摔倒或受伤。教师应在活动前仔细检查场地，确保场地安全。

（2）关注个体差异：在游戏过程中，教师应关注每名幼儿的表现，对于反应较慢或不熟悉游戏规则的幼儿给予适当的帮助和指导，确保他们能够顺利参与活动。

二、能量大爆发——石头剪刀布

（一）活动目的

通过开合跳的练习，全面提升幼儿的身体素质和协调能力，增强幼儿的心肺功能和四肢肌肉的力量。通过双臂和双腿的协调动作，提高幼儿的身体协调性和灵活性。通过石头剪刀布的游戏，训练幼儿的反应速度，提升幼儿的专注力。

（二）场地器材

1. 场地需求

一个宽敞、平坦的室内或室外活动场地，确保每名幼儿有足够的空间进行开合跳的练习。

2. 器材准备

彩色标志物或地贴，用于划分幼儿站立的区域，确保安全距离。

（三）活动具体步骤

1. 任务一：我是一把大剪刀

（1）准备阶段：教师带领幼儿进行简单的热身运动，如跑步、伸展运动等，确保幼儿身体充分活动开，以降低受伤的风险。

（2）规则讲解：教师向幼儿详细讲解开合跳的动作要领和注意事项，确保每名幼儿都能理解和掌握。

（3）实操阶段。

① 站立位置：幼儿分成两排面对面站立，左右间隔两臂的距离，确保活动过程中不会互相碰撞。

② 动作示范：教师站在中间向幼儿示范开合跳的动作。第一下跳跃时，双脚分开，双臂高举至头顶击掌一次。然后再跳跃一次，双臂放下，双腿并拢。

③ 集体练习：幼儿跟随教师的指令进行开合跳练习，教师在一旁纠正动作，确保每名幼儿都能准确掌握动作要领。

2. 任务二：剪刀石头布

（1）准备阶段。

① 回顾动作：教师带领幼儿回顾上一任务中的开合跳动作，确保每名幼儿都已掌握动作要领。

② 规则讲解：向幼儿解释"石头""剪刀""布"的定义和对应的动作，确保每名幼儿理解并记住动作。

（2）实操阶段。

① 动作示范：教师首先示范"石头""剪刀""布"的动作。

石头：原地站立，双脚并拢，双臂自然下垂。

剪刀：双腿分开，双臂举过头顶击掌一次。

布：双臂张开，双腿分开，呈"大"字形。

② 集体练习：幼儿跟随教师的指令做出相应的动作，通过练习熟悉每个动作的要领。

③ 两人游戏：幼儿两人一组，面对面站立，通过石头剪刀布的游戏决定胜负。胜者可以决定下一个开合跳的节奏和速度。

> **小贴士**
>
> （1）将名称与动作一一对应，确保每名幼儿都能准确无误地做出相应的动作。
>
> （2）注意动作的规范性和连贯性，避免因动作不一致导致游戏失误。

（四）注意事项

（1）保持间距：幼儿在活动过程中应保持足够的间距，避免相互碰撞和误伤。

（2）适度运动：教师应根据幼儿的体能状况，合理控制游戏的强度和时间，避免幼儿过度疲劳。

（3）关注个体差异：教师应关注每名幼儿的表现，对于反应较慢或不熟悉游戏规则的幼儿给予适当的帮助和指导。

三、动力回收站——拉闸门

（一）活动目的

在剧烈的体育活动后，幼儿的身体肌肉处于紧张状态，乳酸堆积可能导致肌肉酸痛。因此，进行适时的静态拉伸至关重要。静态拉伸不仅能促进血液循环，缓解肌肉疲劳，还能提高肌肉的柔韧性，预防运动损伤。教师应充分重视这一环节，确保每名幼儿都能得到充分的拉伸与放松。本环节设计"拉闸门"这一拉伸活动，既增强了拉伸效果，又增加了趣味性。

（二）活动具体步骤

（1）准备姿势：幼儿平躺在彩虹垫上，双腿伸直并拢，双手自然放在身体两侧，保持呼吸平稳。

（2）开始动作：教师示范并指导幼儿抬起左腿，使左腿与地面垂直。幼儿双手轻轻抓住左脚踝，确保动作稳定。

（3）深化拉伸：在抓住左脚踝的基础上，幼儿尝试将左腿进一步拉向胸前，感受大腿后侧肌肉的拉伸感。同时，保持右腿伸直并紧贴地面。

（4）保持姿势：当大腿后侧肌肉达到最大拉伸强度时，幼儿保持该姿势5～10秒，并通过深呼吸辅助拉伸。

（5）缓慢恢复：在教师的指导下，幼儿缓慢放下左腿，回到起始姿势。稍作休息后，换右腿重复以上步骤。

注意事项

（1）保持适度拉伸：在拉伸过程中，幼儿应感受到肌肉的轻微拉伸，但不应感到疼痛。教师应随时观察幼儿的表情和状态，避免其过度拉伸。

（2）保持正确姿势：拉伸时，幼儿应保持背部贴紧地面，不可弓背或扭腰。教师应指导幼儿保持正确的拉伸姿势，确保拉伸效果和安全。

（3）注意呼吸：在拉伸过程中，幼儿应保持均匀的呼吸，避免憋气。教师应提醒幼儿在拉伸时注意呼吸的节奏，使拉伸更加有效。

（三）总结鼓励

教师总结活动情况，并表扬活动中表现出色的幼儿。这个动作不仅能锻炼幼儿的肌肉和协调性，还能提高幼儿的心肺功能，对身体健康很有益处。幼儿积极参与，动作规范，技能掌握情况良好，也展现出良好的团队合作精神。教师及时肯定和鼓励幼儿，激发他们的学习热情，使他们更加专注和积极。通过这次活动，幼儿不仅锻炼了身体，还培养了团队意识和合作精神。这对他们未来的学习和生活都有积极的影响。

四、家庭总动员

家庭总动员的目的是将幼儿园的教学延伸到家庭环境中，增强家庭成员间的互动，巩固和拓展幼儿在幼儿园学到的运动技能和知识。共同参与的家庭活动，不仅可以加深幼儿对开合跳的理解，还能在家庭的支持和鼓励下，增强他们的自信心和自我效能感。此外，这一部分的设计也意在鼓励家长更加积极地参与到幼儿的日常学习中，共同创建充满爱与学习氛围的家庭环境。基于此，本环节设计了三项家庭活动，鼓励家长与幼儿共同参与，以加强家庭成员间的互动，促进幼儿的综合发展。

1. 动画时间到

家长与幼儿一起观看一部以"动态协调与爆发力"为主题的动画片，动画片重点呈现以下情节：

（1）小动物们通过开合跳闪避危险（手脚同步外扩撑起保护光盾，落地时掌心拍

地触发缓冲波）。

（2）角色通过开合跳应付陷阱（跳跃时翅膀扇动制造热能旋风，脚尖点地绘出六边形防滑纹）。

观看结束后，家长和幼儿进行以下互动。

（1）讨论：动物张开手臂时为什么像撑雨伞？如果手脚不同步会怎么样？

（2）家长与幼儿一起挑战能量传导：用彩色胶带贴出"光盾－冰花－光谱"的图案，跟着动画节奏喊"开！合！嘭！"完成连环跳。

2. 绘本小世界

家长与幼儿一起阅读一本以"动态合作与节奏掌控"为主题的绘本，绘本描述了小动物团队运用"开合跳魔法"攻克奇幻关卡：

（1）通过开合跳穿越复杂机关（如藤蔓大摆锤）。

（2）通过开合跳唤醒另一个角色（如按照节奏开合跳可以触发一定的机关）。

阅读过程中可以向幼儿提问：

（1）你如果在跳跃的过程中不小心乱了节奏，你会怎么做？

（2）你能指挥玩具动物们跟着绘本节奏开合跳闯关吗？

3. 一起动一动

（1）平板支撑30秒，共做3次，每次间隔休息15秒。这项练习有助于增强幼儿的核心力量和耐力。

（2）双脚前后交替跳跃30秒，每只脚各做2次，每次间隔休息15秒。这项活动可以提高幼儿的平衡能力和腿部力量。

4. 中间休息

每项练习之间休息30秒，让幼儿有足够的时间恢复体力，确保运动效果。

5. 奖励措施

为了鼓励幼儿在家积极参与这些活动，教师可以提议开展一项班级竞赛，通过家长提交的视频或照片证明参与情况，幼儿可以据此获得小红星奖励。这不仅增加了家庭成员参与的乐趣，还有助于幼儿形成持续学习和锻炼的良好习惯。通过这些精心设计的活动，幼儿不仅能在幼儿园得到学习和锻炼，还能在家与家人一起继续实践并享受学习的乐趣，使他们的身心得到全面发展。

五、活动教学评价

（一）幼儿评价

在整个活动过程中，幼儿评价的目的是了解幼儿在各项活动中的表现，评价他们的技能掌握程度和行为态度，并识别他们在未来学习中需要加强的方面。这种评价有助于教师调整教学策略。表 5.4 是对幼儿在本次活动中表现的具体评价。

表 5.4　对幼儿在本次活动中表现的具体评价

幼儿评价	做得好的方面（动作、态度）	还需要努力的方面
开合跳	☆☆☆☆☆	☆☆☆☆☆

（二）教师教学评价与反思

第六章 幼儿身体活动——投掷

第一节 快乐的大炮

课程目标

本节课程旨在教会幼儿正确的投掷动作，发展幼儿对物体的操控技能，强化幼儿的上肢力量，提高其上、下肢的协调性。通过一系列的投掷练习，幼儿不仅能掌握基本的投掷技巧，还能增强身体的协调能力和力量。同时，有趣的游戏和互动活动能够培养幼儿的运动兴趣和团队合作精神，帮助他们建立自信心和成就感。

动作练习

胸前投掷。

动作视频

胸前投掷是一种将物体从胸前位置向前上方投掷出去的运动方式。幼儿在进行胸前投掷时，需要掌握正确的持物姿势和投掷动作，以确保物体能被稳定且有力地投掷出去。

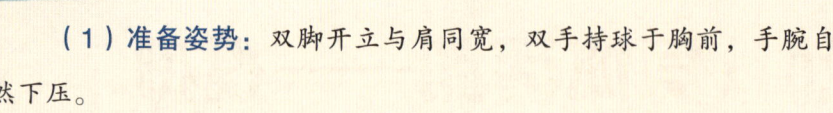

活动要领

（1）准备姿势：双脚开立与肩同宽，双手持球于胸前，手腕自然下压。

（2）发力过程：双腿稍屈，重心前移。然后迅速蹬地，将力量传递至上肢，双手快速向前上方挥出，将投掷物投出。

（3）投掷方向：投掷时要注意目标方向，确保投掷物能被准确投向目标位置。

（4）投掷力度：根据目标距离和投掷物的重量，适当调整投掷力度，以确保投掷物能够顺利到达目标位置。

活动目标

1. 知识目标

提高幼儿对胸前投掷正确动作的认识，使幼儿了解胸前投掷的基本动作要领和注意事项。幼儿将学习如何正确握持投掷物、投掷的动作顺序以及投掷时应注意的安全事项，确保幼儿在练习过程中能够掌握正确的投掷方法。

2. 能力目标

通过胸前投掷练习，幼儿将掌握投掷的基本技巧，锻炼上肢力量，并提高下肢与身体的协调性。通过不断的练习，幼儿能够熟练地进行胸前投掷，并在此过程中逐步提高投掷的准确性和力度，提升体能素质。

3. 素质目标

激发幼儿对投掷活动的兴趣，让他们在参与过程中感受到运动的快乐。投掷练习能够锻炼幼儿的专注力，培养他们敢于尝试、不怕挫折、勇于克服困难的良好品质。同时，成功的投掷体验能够增强幼儿的自信心，促进他们的身心健康发展。

活动重难点

1. 重点

活动的重点是在投掷过程中，幼儿需要掌握正确的发力方式和适合的出手角度。这要求幼儿在投掷时能够正确运用身体力量，并通过调整出手角度使投掷物能被准确投向目标位置。

2. 难点

活动的难点是身体自下而上的用力顺序及上肢和下肢的协调配合。幼儿需要学会先通过腿部发力，再带动腰部和上肢发力，实现力量的有效传递。同时，上、下肢的协调配合也是保证投掷效果的关键。

活动内容

一、身体总动员——拍拍转转

（一）活动目的

这项活动旨在全面激活幼儿的身心状态，让他们在轻松愉快的氛围中感受运动的魅力。该活动不仅能够锻炼幼儿的手腕灵活性和身体协调性，还能在热身的同时，有效地激发幼儿的运动兴趣，为接下来的户外活动或体育课程打下良好的身体基础。此外，我们还将通过互动游戏，增强幼儿的集体意识，培养团队合作精神。

（二）场地器材

1. 场地需求

宽敞、平坦且安全的室内或室外活动场地。

2. 器材准备

音响、地垫或软垫、彩色标识或地贴（用于标明活动区域和每个幼儿的站立位置）。

（三）活动具体步骤

1. 准备活动

幼儿在教师的指导下围成一个大圈站立，彼此间保持适当的距离，确保活动过程中不会互相碰撞。

2. 转动手腕

教师指导幼儿双手十指交叉握住，分别以顺时针和逆时针方向转动手腕各 3 圈，以锻炼手腕的灵活性，增强手腕的力量。

3. 拍拍身体

教师发出指令，如"脚""膝盖""腰""肩膀""头"等，幼儿根据指令用双手拍打自己身体的相应部位。这一环节不仅锻炼幼儿的反应能力，还促进幼儿对身体各部位的认识。

4.互动游戏

在幼儿熟悉活动规则后,教师可以组织开展一些互动游戏,如"你拍我躲""快速反应"等,让幼儿在游戏中锻炼身体、提高反应速度,并增强团队合作精神。

(四)注意事项

(1)节奏把控:教师应根据幼儿的实际情况,合理控制活动的节奏和强度,避免幼儿过度疲劳。

(2)鼓励参与:对于动作较慢或动作不太熟练的幼儿,教师应给予更多的鼓励和帮助,确保每名幼儿都能积极参与并享受活动的乐趣。

二、能量大爆发——快乐的大炮

(一)活动目的

本次活动旨在通过胸前投掷游戏,提升幼儿的身体协调性、上肢力量和投掷技巧。趣味性的投掷游戏,能够让幼儿在轻松愉快的氛围中锻炼身体,还能培养幼儿的团队合作精神和竞赛意识。同时,投掷沙包和篮球能够让幼儿学会控制投掷的力度和方向,增强手眼协调能力。

(二)场地器材

1.场地需求

宽敞平坦的室内或室外活动场地,确保每名幼儿有足够的活动空间。

2.器材准备

沙包若干、篮筐若干、音响一个、标识物或地贴(标明幼儿站立的位置和投掷目标点)。

(三)活动具体步骤

1.任务一:向前开炮

(1)准备阶段:教师首先向幼儿介绍活动内容和规则,并示范正确的投掷姿势和技巧。然后,教师将幼儿分成若干排,每排人数相等,站在标志线后准备投掷。

(2)实操阶段:教师发出指令后,每排幼儿轮流投掷沙包。投掷时,幼儿应将沙包置于胸前,屈腿蓄力,利用手臂的力量将沙包向前推出去。同时,手腕应向前压,以增加投掷的距离。在投掷过程中,教师应提醒幼儿注意投掷的力度和方向,避免用力过猛或方向偏离。

(3)总结反馈:每轮投掷结束后,教师应统计每排幼儿的投掷距离,并宣布投掷距离最远的幼儿为"最佳炮手"。同时,教师应针对幼儿在投掷过程中出现的问题进行点评和指导,帮助幼儿提升投掷技巧。

2. 任务二:炮兵连

(1)准备阶段:教师根据现场情况将幼儿分成若干小组,每个小组站在一个大篮筐前。队首幼儿距离篮筐2米,队尾幼儿持篮球准备传球。

(2)实操阶段:教师发出指令后,篮球从队尾向队首传递。在传递过程中,幼儿之间应保持一臂距离,确保传球过程中幼儿的安全和传球的准确性。当篮球传到队首时,队首的幼儿应采用胸前投掷的方式将篮球投入指定的篮筐中。若投篮成功,则由投篮的幼儿捡回篮球并回到队尾继续传递;若投篮失败,则由该幼儿继续尝试,直至投篮成功。在整个过程中,教师应关注幼儿的传球和投篮动作,及时给予指导和纠正。

(3)总结反馈:在规定时间内,教师统计每个小组的进球数,并宣布进球数最多的小组为"最佳炮兵连"。同时,教师应针对幼儿在传球和投篮过程中出现的问题进行点评和指导,帮助幼儿提高比赛能力,培养团队合作意识。

小贴士

(1)传球时手眼要协调:幼儿在传球和投掷时需注重手和眼的协调,学会估算距离,用适当的力度进行投掷,确保投掷的准确性和安全性。

(2)合理运用力量:教师应指导幼儿合理运用上肢和身体的力量,避免过度用力或动作不协调导致受伤。

(四)注意事项

(1)安全第一:各队列之间保持适当距离,避免投掷的沙包或篮球砸伤其他幼儿。教师需密切关注幼儿的活动情况,及时纠正错误动作,防止幼儿在活动中受伤。

(2)纪律与秩序:教师需强调活动纪律,避免幼儿在传球和投掷过程中出现打闹等情况,确保活动有序进行。对于不听指挥的幼儿,教师需进行适当的教育和引导,确保活动安全、顺利地进行。

三、动力回收站——海上大波浪

(一)活动目的

在剧烈的运动之后,为了帮助幼儿缓解肌肉紧张,促进血液循环,避免乳酸堆积带来的酸痛,本环节设计了"海上大波浪"的拉伸活动。通过有趣的"波浪式"摆动,幼儿能在欢乐的氛围中完成对肌肉的静态拉伸,既能放松身心,又能培养团队协作能力。

(二)活动具体步骤

(1)准备姿势:10个人一组站成一圈,手拉手,保持站立的稳定姿势,目视前方,确保每个人的手臂都伸直。

(2)开始动作:教师发出指令,让一个幼儿开始轻轻摆动手臂,带动旁边的幼儿也开始摆动,形成顺时针或逆时针的"波浪式"摆动。

(3)深化拉伸:随着"波浪"的传递,幼儿要逐渐加大摆动的幅度,让身体的各个部位都能得到充分的拉伸,特别是手臂、腰部和腿部。在拉伸过程中,幼儿应感受到肌肉的舒展与放松。

(4)保持姿势:当"波浪"传递到每名幼儿时,幼儿要尽量保持身体的平衡,并在此位置停留片刻,让肌肉得到更深入的拉伸。

(5)缓慢恢复:在教师的指令下,幼儿逐渐减小摆动的幅度,最后回到起始的站立姿势,完成整个拉伸过程。

注意事项

(1)安全第一:确保每名幼儿都有足够的活动空间,避免相互碰撞。此外,教师要特别注意幼儿的安全,避免幼儿在摆动过程中摔倒或受伤。

(2)适度拉伸:强调拉伸要适度,避免过度用力导致肌肉拉伤。在进行深度拉伸时,教师需仔细观察每名幼儿的反应,确保其在舒适的范围内进行活动。

(3)保持均匀呼吸:教师要引导幼儿在拉伸过程中保持均匀的呼吸,放松身体,避免憋气或过度紧张。通过鼓励和指导,幼儿能够在活动中享受放松肌肉和恢复体能的过程。

(三)总结鼓励

教师对本次活动进行总结,如幼儿表现出色,通过积极参与,掌握了胸前投掷的动作要领。通过正确的手腕下压、屈腿蓄力、快速挥臂等动作，幼儿不仅增强了上肢力量，还提高了上、下肢的协调性。教师对幼儿在活动中展现出的专注力和拼搏精神予以表扬。鼓励幼儿继续保持这份热情和积极向上的态度，不怕挫折，勇于挑战自我，将所学的技能运用到日常生活中，勇敢地迎接未来的挑战，成为更加出色的小小投掷手。

四、家庭总动员

家庭总动员的目的是将幼儿园的教学延伸到家庭环境中，增强家庭成员间的互动，巩固和拓展幼儿在幼儿园所学到的运动技能和知识。共同参与的家庭活动，不仅可以加深幼儿对胸前投掷的理解，还能在家庭的支持和鼓励下，增强他们的自信心和自我效能感。此外，这一部分的设计也意在鼓励家长应更加积极地参与到幼儿的日常学习中，共同创建充满爱与学习氛围的家庭环境。基于此，本环节设计了三项家庭活动，鼓励家长与幼儿共同参与，以加强家庭成员间的互动，促进幼儿的综合发展。

1. 动画时间到

家长与幼儿一起观看一部以"勇敢挑战与灵活应变"为主题的动画片，动画片重点呈现以下情节：

（1）小动物们在恶劣的天气里攀岩（如小鹿在雨天攀岩）。

（2）角色借助工具渡过难关（如小猴子借助浮木漂过大河）。

观看结束后，家长和幼儿进行以下互动。

（1）讨论：如果你在生活中遇到了某个难题，你会怎么做？

（2）鼓励幼儿尝试突破恐惧，蒙眼走五步摸到椅子，转身大喊："我能行！"

2. 绘本小世界

家长与幼儿一起阅读一本以"力量控制与轨迹魔法"为主题的绘本，绘本描述了小动物团队运用技巧破解秘境机关的故事：

（1）借助自身的力量解决当前的困难（如用大力气搬起挡在前面的大石头）。

（2）角色通过接力的方式进行运输（如在长途运输时通过团体的力量达成目标）。

阅读过程中可以向幼儿提问：

（1）你投掷时身体为什么要有一定幅度的扭转？如果直着甩出去会打偏吗？

（2）你能用毛线和纸箱设计"石门—冰道—星阵"投掷靶场吗？

投掷靶场搭好后，用袜子球挑战连中红心三次。

3. 一起动一动

（1）高抬腿：每组 30 秒，共做 2 组。确保动作规范，提高练习效果。

（2）左、右脚单脚跳：每组 30 秒，左、右脚各做 2 组。家长要与幼儿一起进行单脚跳活动，增加活动的趣味性。家长要确保活动的安全性。

4. 中间休息

每项练习之间休息 15 秒，通过休息，幼儿能够恢复体力，避免过度疲劳。

5. 奖励措施

为了鼓励幼儿在家积极参与这些活动，教师可以提议开展一项班级竞赛，通过家长提交的视频或照片证明参与情况，幼儿可以据此获得小红星奖励。每周评选表现优异的幼儿，给予额外的奖励和表扬，以此提高幼儿参与活动的积极性。这样不仅可以促进幼儿身体素质的发展，还能增强亲子之间的互动和交流。

五、活动教学评价

（一）幼儿评价

在整个活动过程中，幼儿评价的目的是了解幼儿在各项活动中的表现，评价他们的技能掌握程度和行为态度，并识别他们在未来学习中需要加强的方面。这种评价有助于教师调整教学策略。表 6.1 是对幼儿在本次活动中表现的具体评价。

表 6.1　对幼儿在本次活动中表现的具体评价

幼儿评价	做得好的方面（动作、态度）	还需要努力的方面
胸前投掷	☆☆☆☆☆	☆☆☆☆☆

（二）教师教学评价与反思

第二节　空中的海洋球

课程目标

本节课程旨在通过低手投掷练习，全面提升幼儿对物体的操控能力，提高上、下肢协同发力的能力和专注力，培养幼儿对运动的兴趣，提高幼儿参与活动的积极性。低手投掷是一项基本的运动技能，不仅能发展幼儿的手眼协调能力，还能提高其空间感知能力和身体控制能力。在学习正确的低手投掷动作的过程中，幼儿将逐步掌握如何合理分配身体力量，增强对肌肉的控制，提升身体平衡能力，同时在游戏和练习中获得成就感，增强自信心。

动作练习

低手投掷。

动作视频

低手投掷是一种从下方向上或向前投掷物体的动作。该动作通常用于投掷轻质物体，如海洋球、沙包或泡沫球。通过反复练习，幼儿可以提高手眼协调能力，增强对身体的控制能力。

活动要领

（1）**准备站姿**：双脚前后站立，双膝微屈，保持身体平衡。站姿稳定有助于投掷时的力量传递和身体稳定性的保持。

（2）**持物姿势**：用单手持球，掌心朝前。持物姿势正确可以提高投掷的精准度。

（3）**挥臂准备动作**：重心前移，挥臂向后。挥臂的准备动作有助于蓄积力量，为投掷动作做充分准备。

（4）**投掷动作**：快速向前挥臂，在膝前将物体投出，注意保持动作连贯流畅。投掷时，前脚逐渐伸直，后脚跟离地，身体重心向前转移，确保物体投出时的稳定性和力量。

活动目标

1. 知识目标

通过本次活动，幼儿将了解低手投掷的基本动作要领和注意事项，形成科学运动的基本意识。幼儿将学习到正确的准备站姿、持物姿势、挥臂准备动作和投掷动作，明确在投掷过程中需要注意的问题，如站姿的稳定性、手臂的动作幅度以及眼睛的关注点。这些知识将帮助幼儿在今后的体育活动中更加自信和有效地进行投掷运动。

2. 能力目标

通过反复练习，幼儿将掌握低手投掷的技能，还能发展上肢力量和核心力量。低手投掷需要使用手臂和肩膀的力量，同时保持腰部和腹部的稳定性。幼儿在练习过程中，不仅能增强上肢的肌肉力量，还能提高核心肌群的协调性和控制力，进而提高全身的运动能力。

3. 素质目标

本次活动旨在激发幼儿对投掷运动的兴趣，提高幼儿的身体素质。通过有趣的投掷游戏和活动，幼儿将体验到运动的乐趣，培养独立自主解决问题的能力和坚持不懈的品质。在练习和游戏活动中，幼儿需要做出迅速的判断和反应，这将锻炼他们的判断能力。同时，通过不断的练习，幼儿会感受到自己的成长和进步，进而增强自信心。

活动重难点

1. 重点

正确的发力方式和出手角度是本次活动的重点。幼儿需要学会在投掷时合理运用力量，使动作既有力度又有对技巧的控制。出手角度在38～45度之间，出手角度直接影响投掷的方向和距离，因此需要反复练习才能掌握最佳角度。教师应关注幼儿的挥臂动作和出手位置，确保他们能掌握正确的发力方式和出手角度。

2. 难点

上、下肢的协调配合是本次活动的难点。低手投掷要求上肢挥臂和下肢站立姿势高度协调。幼儿需要学会在投掷时保持平衡，并有效地将力量传递到手臂。教师应演示分解动作并让幼儿反复练习，帮助幼儿提高上、下肢的协调配合能力，确保动作连贯和稳定。

活动内容

一、身体总动员——小兔跳跳

（一）活动目的

本活动的目的是激活幼儿的身心状态，达到热身效果的同时，激发幼儿的运动兴趣。本活动能够强化幼儿的下肢力量，提高幼儿的平衡能力和身体协调性。此外，活动还能培养幼儿参与体育活动的兴趣，并激发幼儿的积极性。

（二）场地器材

1. 场地需求

宽敞、平坦的室内或室外活动场地，保证每名幼儿有足够的活动空间，避免互相碰撞或摔倒。

2. 器材准备

无须准备特殊器材，可设置一些软垫或标志物作为跳跃目标或障碍物。

（三）活动具体步骤

1. 准备阶段

教师向幼儿详细讲解游戏规则，确保每名幼儿都理解活动的流程和注意事项。教师向幼儿介绍游戏名称和规则，并示范单脚跳跃的动作要领，强调跳跃时要保持身体平衡，注意安全，避免摔倒。

2.游戏开始

（1）分组准备：教师将幼儿分成若干小组，每组幼儿站在起点线上。

（2）指令响应：教师发出开始指令后，每组第一名幼儿开始单脚跳跃前进，幼儿绕过设置的障碍继续跳跃，最终到达终点。幼儿依次进行跳跃，直到所有幼儿完成跳跃任务。

（3）难度升级：可以让幼儿尝试不同的跳跃方式，如双脚跳、交叉跳等，增加障碍物的数量，缩短障碍物之间的距离，以提高游戏的趣味性和挑战性。

（四）注意事项

（1）安全第一：确保场地平整、无障碍物，避免幼儿在跳跃过程中受伤。

（2）难度适宜：根据幼儿的年龄和能力水平设置适宜的跳跃距离和障碍物难度，避免因过难或过易而影响幼儿参与的积极性。

二、能量大爆发——空中的海洋球

（一）活动目的

通过低手投掷的练习，全面提升幼儿对物体的操控能力，增强上肢和下肢的协同发力和手眼协调能力。通过双臂和双腿的协调动作，幼儿的身体协调性和灵活性能够得到提高。通过情境化的教学，幼儿能够掌握低手投掷的基本技巧，提高参与体育活动的兴趣和积极性。

（二）场地器材

1.场地需求

宽敞、平坦的室内或室外活动场地，确保每名幼儿有足够的空间进行低手投掷的练习。

2.器材准备

柔软的沙包或毛绒球若干，一个大型目标物（如装满沙子的桶或带有圆圈的标靶），起点线和投掷线，设置一个适合幼儿身高的篮球架，或使用纸箱、大桶等作为简易篮筐，放置在距离起点线适当的位置（如2～3米）。

（三）活动具体步骤

1.任务一：投投乐

（1）准备示范阶段：教师向幼儿介绍游戏名称和规则，展示投掷器材。教师示范低手投掷的正确姿势和动作要领，强调身体平衡和投掷角度准确的重要性。

（2）尝试练习：幼儿在教师的指导下，站在投掷线上进行低手投掷练习。教师观察幼儿的动作，并给予个别指导和纠正。

（3）分组比赛：将幼儿分成若干小组，每组轮流进行投掷比赛。可以设置不同的投掷目标，如投掷进桶或击中标靶。比赛结束后，根据投掷结果评选出优胜组。

2.任务二：投掷小能手

（1）准备阶段

① 回顾动作：教师带领幼儿回顾上一任务中低手投掷动作要领，确保每名幼儿都已掌握动作。

② 规则讲解：教师向幼儿介绍游戏规则，幼儿需要将球用低手投掷的方式投到对应的篮筐当中，最后投入的球数量最多的队伍获胜。

（2）实操阶段

① 示范讲解：教师站在起点线后，向幼儿展示低手投掷的正确姿势和动作要领。教师要强调在活动过程中身体要保持平衡，双脚站稳，手臂自然下垂，用手腕和手指的力量控制投掷方向和力度。同时可以邀请个别幼儿上前尝试，教师及时给予指导和纠正。

② 集体练习：将幼儿分成若干小组，在教师的指导下轮流站在起点线后进行低手投掷练习。教师观察幼儿的动作，并给予个别指导和鼓励。可以设置不同的投篮点或调整篮筐的高度，以增加游戏的趣味性和挑战性。

③ 小组竞赛：将幼儿分成若干小组，进行小组间的投篮比赛。每组幼儿轮流投篮，记录投中的次数或得分。比赛结束后，根据投中次数或得分评选出优胜组，并给予奖励和表扬。

（1）投掷时保持身体放松，手臂自然下垂，用手腕和手指的力量控制投掷方向和力度。

（2）注意动作的标准性和连贯性，避免因动作不一致而导致游戏失误。

（四）注意事项

（1）教师要确保投掷器材的安全性，避免使用过重或过硬的物品。

（2）幼儿在投掷过程中注意保持安全距离，避免相互干扰或碰撞。

（3）鼓励幼儿积极参与活动，但也要关注他们的身体状况和情绪变化，适时调整活动强度和难度。

三、 动力回收站——动物模仿秀

（一）活动目的

在剧烈的体育锻炼后，幼儿们的身体肌肉处于紧张状态，乳酸堆积可能导致肌肉酸痛。因此，进行适时的静态拉伸至关重要。这不仅能促进血液循环，缓解运动疲劳，还能提高肌肉的柔韧性，预防运动损伤。教师应充分重视这一环节，确保每名幼儿都能得到充分的拉伸与放松。"动物模仿秀"模仿各种可爱动物的拉伸动作，如小猫伸懒腰、小狗系鞋带等，让幼儿在游戏中完成全身拉伸，增加活动的趣味性。

（二）活动具体步骤

（1）准备姿势：幼儿站立，双脚并拢，双手自然下垂，放松身体保持呼吸平稳。

（2）开始动作：教师示范"小猫伸懒腰"的准备姿势，然后慢慢上举双手，引导幼儿向上伸展双臂，同时抬头向上看，感受背部和上肢更深度的拉伸。

（3）深化拉伸：教师示范"小狗系鞋带"的姿势，引导幼儿俯身弯腰，双手尽量触地，感受腰部和下肢的拉伸。教师可以轻轻扶住幼儿的腰部，帮助他们更好地感受腰部的拉伸。

（4）保持姿势：当身体达到最大拉伸位置时，幼儿保持该姿势7～10秒，深呼吸以辅助拉伸。

（5）缓慢恢复：在教师的指导下，幼儿慢慢直起腰，回到准备姿势，感受拉伸后的腰部和下肢的放松。

注意事项

（1）保持适度拉伸：拉伸过程中，幼儿应感受到肌肉的轻微拉伸，但不应感到疼痛。教师应随时观察幼儿的表情和状态，避免幼儿过度拉伸。

（2）保持正确姿势：拉伸时，幼儿应保持身体放松，不可弓背或扭腰。教师应指导幼儿保持正确的拉伸姿势，确保拉伸效果和安全。

（3）注意呼吸：拉伸过程中，幼儿应保持均匀的呼吸，避免憋气。教师应提醒幼儿在拉伸时注意呼吸的节奏，使拉伸更加有效。

（三）总结鼓励

教师将幼儿聚集在一起进行总结，对在活动中尤其在小组竞赛中表现出色的幼儿进行表扬。这个简单的动作不仅能够锻炼幼儿的肌肉力量和身体协调性，还能提高心肺功能，对幼儿的身体健康很有益处。此外，教师还可以对幼儿积极参与活动、动作规范，以及在活动中展现出良好的技能水平和团队合作意识给予肯定。教师应及时肯定和鼓励幼儿，激发他们的学习热情，使他们更加专注和积极。通过这次活动，幼儿不仅能锻炼身体，还能培养团队意识和合作精神。这对幼儿未来的学习和生活都有积极的影响。最后，教师提出希望，希望幼儿在未来的活动中继续保持热情和团队合作精神，共同进步，共同成长。

四、家庭总动员

家庭总动员的目的是将幼儿园的教学延伸到家庭环境中，增强家庭成员间的互动，巩固和拓展幼儿在幼儿园学到的运动技能和知识。共同参与的家庭活动，不仅可以加深幼儿对低手投掷的理解，还能在家庭的支持和鼓励下，增强他们的自信心和自我效能感。此外，这一部分的设计也意在鼓励家长更加积极地参与到孩子的日常学习中，共同创建充满爱与学习氛围的家庭环境。基于此，本环节设计了三项家庭活动，鼓励家长与幼儿共同参与，以加强家庭成员间的互动，促进幼儿的综合发展。

1. 动画时间到

家长与幼儿一起观看一部以"队友与对手"为主题的动画片，动画片重点呈现角色团队内协作（低手投掷的队友间配合）、团队间竞争（传球时即时的反应力、判断力）的情节。

观看结束后，家长和幼儿进行以下讨论：

（1）运动员们作为一个团队应该如何合作？团队间该如何竞争？

（2）你愿意去做团队里的小队长吗？你会尊重对手吗？

家长通过动画，强化幼儿对低手投掷的认知（如站姿的稳定性、手臂的动作幅度以及物体操纵能力），提高幼儿的团队协作意识及体育竞争意识。

2. 绘本小世界

家长与幼儿一起阅读一本以"团队与勇气"为主题的绘本，绘本将低手投掷动作与趣味想象（如小松鼠团队合作投掷坚果、彩虹抛物线）相结合。

阅读过程中，家长可以向幼儿提问：

（1）小松鼠们合作投掷坚果时，如果失败了该怎么办？

（2）有什么方法可以画出像彩虹一样的抛物线？

3. 一起动一动

（1）平板支撑30秒，共做3组，每组间隔休息15秒。这项练习有助于提高幼儿的核心力量和耐力。

（2）低手投掷2组，每组各做10次，每组间隔休息15秒。这项练习可以提高幼儿的手眼协调能力和腿部力量。

4. 中间休息

每项练习之间休息15秒，让幼儿有足够的时间恢复体能，确保运动效果。

5. 奖励措施

为了鼓励幼儿在家积极参与这些活动，教师可以提议开展一项班级竞赛，家长可以将幼儿练习的视频或照片上传至班级群，由教师进行评选，给予表现优秀的幼儿小红星奖励。这样的活动不仅能够激发幼儿的运动热情，还能增进班级内部的交流与互动。

五、活动教学评价

(一)幼儿评价

幼儿评价的目的是了解幼儿在各项活动中的表现,评价他们的技能掌握程度和行为态度,并识别他们在未来学习中需要加强的方面。活动中,教师注意观察幼儿投掷姿势的规范性(屈膝摆臂动作)、器械操作的准确性(沙包落点)、活动中的规则意识。这种评价有助于教师调整教学策略。表 6.2 是对幼儿在本次活动中表现的具体评价。

表 6.2 对幼儿在本次活动中表现的具体评价

幼儿评价	做得好的方面(动作、态度)	还需要努力的方面
低手投掷	☆☆☆☆☆	☆☆☆☆☆
低手投篮	☆☆☆☆☆	☆☆☆☆☆

(二)教师教学评价与反思

第三节 精准的投掷手

课程目标

本节课程旨在通过对肩上投掷动作的练习，强化幼儿对物体的操控能力，全面发展幼儿的核心力量和上、下肢力量。肩上投掷动作不仅能提升幼儿的手眼协调能力，还能增强其身体的灵活性和对身体的控制力。通过系统的训练，幼儿将掌握正确的肩上投掷技巧，在提高投掷的精准度和力量的同时，还能培养他们对运动的兴趣，增强自信心。

动作练习

肩上投掷。

动作视频

肩上投掷是一种从肩部上方向前投掷物体的动作，常用于投掷沙包、软球或泡沫球等轻质物体。这种投掷动作对幼儿要求较高，需要较好的协调性和力量分配，是发展幼儿对物体操控的技能和上肢力量的重要练习。

活动要领

（1）**站姿准备**：幼儿右手握沙包，侧对投掷方向，两脚左右开立，左脚在前。站姿稳固有助于投掷时的力量传递并能增强动作的稳定性。

（2）**持物姿势**：右手握住沙包，肩上屈肘，掌心朝上，左手直臂，手指指向投掷方向。持物的姿势正确可以提高投掷的精准度。

（3）**挥臂准备**：右手持物向后微微倒身，身体重心落于右腿上。

（4）**投掷动作**：重心前移，蹬地转体，收腹挥臂，将沙包快速投出。投掷时，右臂快速前挥，右手手指在最后一刻放开沙包，确保沙包沿着预定轨迹飞出。

活动目标

1. **知识目标**

通过活动，幼儿能够了解肩上投掷的基本动作要领和注意事项，形成科学运动的意识。幼儿能够学习到正确的站姿、持物姿势、挥臂准备和投掷动作，明确在投掷过程中需要注意的关键细节，如站姿的稳定性、持物的姿势、手臂的动作幅度以及眼睛的关注点。这些知识将帮助幼儿在今后的体育活动中更加自信和有效地进行投掷。

2. **能力目标**

通过反复练习，幼儿能够掌握原地掷准的技能，上肢爆发力和核心力量得到提升。肩上投掷需要手臂和肩膀的力量，以及腰部和腹部的稳定性。幼儿在练习过程中，上肢的肌肉力量得到提升，核心肌群的协调性和控制力得到提高，进而全身的运动能力有所增强。通过不断的练习，幼儿能够在原地准确地进行投掷，投掷的稳定性和精确度也会得到提高。

3. **素质目标**

本活动旨在激发幼儿对投掷运动的兴趣，提升幼儿身体素质。通过有趣的投掷游戏和活动，幼儿将体验运动的乐趣，同时培养独立自主和坚持不懈的意志力。在投掷过程中，幼儿能够学会集中注意力、分析投掷角度和力度，进而提升协调力和判断力。此外，活动还能够培养幼儿的合作意识，使他们在与同伴的互动中学会合作，并学会进行良性的竞争，树立勇于挑战的意识。

活动重难点

1. 重点

肩上屈肘、转体挥臂是本次活动的重点。幼儿需要学习合理用力，使投掷动作既有力度又受控制。肩上屈肘有助于蓄积力量，而转体挥臂是将力量有效地传递到投掷物上。教师应特别关注幼儿动作的连贯性，确保幼儿理解和应用正确的投掷动作。

2. 难点

动作连贯和上、下肢协调配合是本次活动的难点。肩上投掷要求上肢挥臂和下肢站立姿势高度协调。幼儿需学会在投掷时保持身体平衡，并有效地传递力量。教师应通过分解动作和分步练习，帮助幼儿练习以提高其协调能力，确保动作连贯和稳定。

活动内容

一、身体总动员——天气预报

（一）活动目的

本活动通过听指令做动作的互动游戏，激发幼儿的身体机能，完成热身准备。在趣味指令反应中，幼儿能发展听觉专注力和动作转换的能力，通过指令的节奏变化，提升神经肌肉的协调性。该活动不仅可以使幼儿的四肢肌肉得到锻炼，还可以培养幼儿的规则意识、节奏感和注意力，进而充分调动他们的积极性，提高他们在体育活动中的参与度。

（二）场地器材

宽敞的室内或室外场地，确保地面平整。

（三）活动具体步骤

1. 准备阶段

教师组织幼儿排成4排，教师站在队伍中间。

2. 规则讲解

教师说："下小雨"，幼儿拍拍自己的小手；教师说："下中雨"，幼儿屈肘拍拍自己的肩膀；教师说："下大雨"，幼儿跺跺自己的脚；教师说："起风了"，幼儿向上摆动自己的手臂，模仿风吹树时树枝摆动的样子。

（四）注意事项

（1）幼儿之间保持合适的间距。

（2）教师将活动时间控制在2分钟左右。

二、能量大爆发——精准的投掷手

（一）活动目的

通过肩上投掷的练习，幼儿的手臂和腰腹肌肉的爆发力得到锻炼，幼儿能掌握蹬地转体、挥臂发力的正确动作顺序，同时学会用正确的发力方法，幼儿的手眼协调能力及身体素质得到提高。通过情境化的教学让幼儿掌握肩上投掷的基本技巧，提高幼儿参与体育活动的兴趣和积极性，为后续球类等器械运动的学习奠定基础。

（二）场地器材

1. 场地需求

开阔的室内或者室外场地。

2. 器材准备

网球若干。

（三）活动具体步骤

1. 任务一：愤怒的小球

（1）准备阶段：教师将幼儿分成4组，每人手持1个网球。

（2）动作讲解：投掷的时候，五指接触网球但是不碰到手心，投掷前屈肘将手置于肩上，准备发力时可微微侧身，再借助腰腹力量配合手臂摆动将球推出。

（3）实操阶段：大家排成4列纵队，4人为一个比赛小组（站在一条线上），比一比谁的姿势更准确，谁投得更远。

2. 任务二：运送小石头

（1）准备阶段：教师将幼儿分成5个小组，每个小组通过抽签决定投掷顺序，教师在距幼儿1.8米处画线。

（2）规则描述：幼儿需要将网球按照肩上投掷的姿势投到教师所画线的另一端，比一比哪一组过线的球多。

> **小贴士**
>
> （1）幼儿进行投掷时，注意不要让其他幼儿在场地上随意走动，以免对活动造成干扰。
>
> （2）教师需要时刻关注幼儿的动向，避免幼儿做出危险动作。

（四）注意事项

（1）在活动前后，注意检查活动场地，确保没有尖锐物品以及所有安全措施落实到位。

（2）教师需时刻关注幼儿的安全，特别是比赛环节，提醒幼儿在活动中保持适当的间距，避免发生碰撞。

三、动力回收站——小船定锚

（一）活动目的

在经历了一系列投掷活动后，幼儿的肌肉可能会因频繁的收缩而堆积过多的乳酸，导致肌肉疲劳和僵硬。本环节设计了"小船定锚"的拉伸活动，专门通过静态拉伸来帮助幼儿减轻这种不适感，促进血液循环，加速代谢废物的排出，提高肌肉的恢复速度。

（二）活动具体步骤

（1）准备阶段：幼儿找一个可以扶着的物体，选择一个位置靠近它站立，并用对侧的手扶住，保持双脚开立。

（2）实操阶段：幼儿旋转上身，试着将肩部与双脚对齐，反复尝试，之后再面向前方，但是保持手不脱离已选定的固定点。

注意事项

（1）避免在拉伸时移动双脚。

（2）可缩短肩部与双脚的间距，以便正确地进行拉伸。

（三）总结鼓励

在活动结束时，教师集合所有幼儿进行总结鼓励，并仔细回顾本节课中练习的肩上投掷的动作要领。教师强调保持正确发力姿势的重要性，如要使球尽可能长时间保持在空中，手臂肌肉的爆发力、手眼协调等，这些都是帮助幼儿掌握肩上投掷的动作要领和体验运动乐趣的关键。此外，教师还需表扬幼儿在活动中所表现出的努力和进步，并鼓励他们将这些动作技能应用于日常活动中。通过总结，幼儿不仅能理解肩上投掷技巧的实际应用，而且能增强自信心，激发对未来学习的热情。

四、家庭总动员

家庭总动员的目的是将幼儿园的教学延伸到家庭环境中，增强家庭成员间的互动，巩固和拓展幼儿在幼儿园学到的运动技能和知识。通过共同参与家庭活动，幼儿不仅可以加深对肩上投掷方式的理解，还能在家庭的支持和鼓励下，增强自信心和自我效能感。此外，这一部分的设计也意在鼓励家长更加积极地参与到幼儿的日常学习中，共同创建充满爱与学习氛围的家庭环境。基于此，本环节设计了三项家庭活动，鼓励家长与幼儿共同参与，以加强家庭成员间的互动，促进幼儿的综合发展。

1. 动画时间到

家长与幼儿一起观看一部以"冒险与拼搏"为主题的动画片，动画片重点呈现角色通过肩上投掷击中目标的情节。

观看结束后，家长和幼儿进行以下互动。

（1）讨论：如何提高命中率？

（2）鼓励幼儿试着像角色一样，挑战击中更远的目标。

家长通过动画，强化幼儿对肩上投掷的认知（如手臂肌肉的爆发力、手眼协调），并让幼儿理解提高安全意识（如观察周围环境再掷出）的重要性。

2. 绘本小世界

家长与幼儿一起阅读一本以"思考与分析"为主题的绘本，绘本描述角色通过思考分析及科学训练，逐步提升肩上投掷的命中率。

阅读过程中可以对幼儿提问：

（1）如果投掷后，投掷物的落点离目标点很远应该怎么办？

（2）如果投掷后，投掷物的飞行方向偏离预设方向应该怎么办？

家长要结合生活场景中的实物操作（例如将脏衣物投进脏衣篓），帮助幼儿将抽象概念具象化。

3. 一起动一动

（1）平板支撑：每组30秒，共做3组。这一活动能够增强幼儿的核心力量及核心稳定性。

（2）肩上投掷（打靶练习）：击中目标10次即为一组，共做3组，每组中间休息30秒。

4. 中间休息

每项练习之间休息15秒，帮助幼儿恢复体力，避免过度疲劳。

5. 奖励措施

为促进运动习惯的持续发展，教师可以组织实施"家庭运动小达人"计划。家长每日上传幼儿的练习视频（15～30秒），教师每周根据动作质量与参与情况统计得分，根据得分情况奖励运动主题贴纸、"活力之星"徽章、定制运动手环等。每月组织开展"家庭运动风采展"，在班级互动墙进行展示，并推送科学指导建议。通过趣味性激励体系与可视化成长记录，帮助幼儿在"挑战—收获"的良性循环中培养自我管理能力，形成家校协同的运动促进机制。

五、活动教学评价

（一）幼儿评价

幼儿评价的目的是了解幼儿在各项活动中的表现，评价他们的技能掌握程度和行为态度，并识别他们在未来学习中需要加强的方面。在活动中，教师重点观察幼儿投掷姿势的规范性（蹬地转体动作）、器械操控准确性（投掷物落点）、活动中的规则意识。这种评价有助于教师调整教学策略。表6.3是对幼儿在本次活动中表现的具体评价。

表6.3 对幼儿在本次活动中表现的具体评价

幼儿评价	做得好的方面（动作、态度）	还需要努力的方面
肩上投掷	☆☆☆☆☆	☆☆☆☆☆

（二）教师教学评价与反思

第七章 幼儿身体活动——姿势控制

第一节 点球大战

课程目标

本节课程旨在通过踢固定球的练习,全面提升幼儿使用下肢操控物体的能力,同时增强幼儿的下肢力量和身体协调性。踢固定球不仅能提高幼儿的脚眼协调能力,还能增强其身体的灵活性和控制力。通过系统的训练,幼儿能掌握正确的踢球技巧,踢球的精准度和力量得到提高,同时他们的运动兴趣和自信心能够得到进一步培养。

动作练习

踢固定球。

动作视频

踢固定球是一种从固定位置踢出静止球的动作,常用于足球训练中。这个动作练习能够有效地提升幼儿的踢球技巧,并培养其下肢的力量和控制能力。踢固定球适用于各个年龄段的幼儿。通过这一练习，幼儿可以学会在保持身体平衡的同时，准确地将球踢出。

活动要领

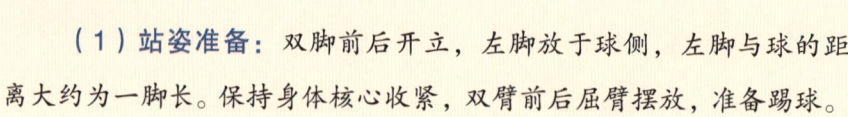

（1）**站姿准备**：双脚前后开立，左脚放于球侧，左脚与球的距离大约为一脚长。保持身体核心收紧，双臂前后屈臂摆放，准备踢球。

（2）**支撑点选择**：以左腿为支撑点，保持身体重心稳定。支撑点的选择对于踢球的准确性和力量传递至关重要，幼儿需要学会找到最稳定的支撑点。

（3）**踢球动作**：抬起右腿，保持身体正直，右腿后摆，大腿带动小腿发力，向前踢球。在踢球时，注意击球点为脚背，以确保球沿预定方向飞出。

（4）**身体平衡**：球踢出后，保持身体平衡。踢球时，幼儿需要集中注意力，确保身体在发力的过程中保持平衡，避免失去重心。

活动目标

1. 知识目标

提高幼儿对踢球运动的认识，使幼儿了解踢固定球的基本常识和技巧。通过教师的讲解和示范，幼儿能熟悉踢球的基本动作要领，并掌握踢球的正确方法。

2. 能力目标

通过系统练习，幼儿能掌握踢固定球的技能，提升下肢力量和身体协调性，锻炼核心力量。此外，幼儿能够学会在踢球时合理发力，并保持动作的连贯性和稳定性。

3. 素质目标

本活动能激发幼儿对踢球运动的兴趣，提高身体素质，培养坚持不懈的精神。在踢球练习和游戏中，幼儿将体验运动的乐趣，判断能力和自信心得到提高。通过不断的练习和进步，幼儿能够感受到自己的成长和进步，养成积极向上的心态。

活动重难点

1. 重点

正确的击球点和大腿带动小腿的发力摆动是本次活动的重点。幼儿需学习选择正确的击球点，确保球沿预定方向飞出，同时掌握大腿带动小腿的发力摆动，以保证踢球力度和精准度。教师应关注幼儿的击球点和摆腿动作，确保幼儿掌握正确的技巧。

2. 难点

上、下肢的协调配合和身体平衡的控制是本次活动的难点。踢固定球要求上肢和下肢动作高度协调，并保持身体平衡。幼儿要学会在踢球时保持身体稳定和平衡，避免失去重心。教师应通过分解动作的练习，帮助幼儿提高协调能力和控制身体平衡的能力，确保动作连贯和稳定。

活动内容

一、身体总动员——滚水雷

（一）活动目的

本活动的目的是激活幼儿的身心状态。本活动不仅能够锻炼幼儿的反应能力和身体协调性，还能调动幼儿上课的积极性，有效激发幼儿的运动兴趣，为接下来的户外活动或体育课程打下良好的身体基础。此外，本活动还将通过互动游戏的形式，提高幼儿的集体意识和团队合作精神。

（二）场地器材

1. 场地需求

宽敞、平坦且安全的室内或室外活动场地。

2 器材准备

在活动区域铺设彩虹垫，以确保幼儿在活动中的安全；皮球若干，作为"水雷"。

（三）活动具体步骤

1. 准备活动

幼儿在教师的指导下站成一个大圈，请5～6名幼儿扮演敌人站在圈中，彼此间保持适当的距离，确保活动过程中不会互相碰撞。

2.实施活动

战士手持一个皮球作为"水雷"向敌人滚去,敌人可左右跳动避开"水雷",如被"水雷"碰到,意为"被炸",则退出圈外,游戏继续进行,直到全部敌人"被炸"。

3.活动要求

幼儿需要集中注意力躲避"水雷"。这一环节能锻炼幼儿的反应能力,进而激活幼儿的身体机能。

(四)注意事项

(1)教师应根据幼儿的实际情况,合理控制活动的节奏和强度,避免幼儿过度疲劳。

(2)教师应密切关注整个活动进程,确保每名幼儿的安全,观察幼儿的参与情况。

二、能量大爆发——点球大赛

(一)活动目的

本活动旨在通过"点球大赛"游戏,帮助幼儿锻炼下肢操控物体的技能,增强幼儿的下肢力量和身体协调性。通过趣味性的踢球游戏,幼儿能在轻松愉快的氛围中锻炼身体,还能培养团队合作精神和比赛意识。同时,通过踢固定球,幼儿能找到身体最稳定的支撑点,提高踢球的准确性。

(二)场地器材

1.场地需求

宽敞平坦的室内或室外活动场地,确保每名幼儿有足够的活动空间。

2.器材准备

足球(若干)、音响(一个)、标识物或地贴(用以标明幼儿站立的位置和踢球的距离)。

(三)活动具体步骤

1.任务一:足球滚滚

(1)准备阶段:教师先向幼儿介绍活动内容和规则,并示范正确的踢球姿势和技巧。教师将幼儿分成若干排,每排人数相等,站在标志线后准备踢球。

(2)实操进行:教师发出指令后,每排幼儿同时踢球。踢球时,幼儿应抬起右脚,保持身体正直,右腿后摆,大腿带动小腿发力,向前踢出球。在踢球的过程中,教师应提醒幼儿击球点为脚背,集中注意力,确保身体在发力的过程中保持平衡,避免失去重心。

（3）总结反馈：每轮踢球结束后，教师应统计每排幼儿的踢球距离，并宣布每排踢得最远的幼儿为"最佳球员"。同时，教师应针对幼儿在踢球过程中出现的问题进行点评和指导，帮助幼儿改进踢球技巧。

2. 任务二：足球小将

（1）准备阶段：教师根据现场状况将幼儿分成若干列，每列前放置相同数量的足球。

（2）实操阶段：音乐开始时，每列第一名幼儿站在标志点踢球，教师记录球的滚动距离。幼儿依次踢球，直到所有幼儿都完成踢球。

（3）总结反馈：在规定时间内，教师统计每列幼儿踢球的最远距离，并将每位踢得最远的幼儿评为"最佳足球小将"。同时，教师应针对幼儿在踢球过程中表现出来的问题进行点评和指导。

小贴士

（1）踢球时手眼要协调：幼儿在踢球时要注重手眼协调，估算好距离，用适当的力度踢球，确保踢球的精确度和安全性。

（2）合理运用力量：教师应指导幼儿合理运用下肢和身体的力量，避免因过度用力或动作不协调而导致身体受伤。

（四）注意事项

（1）安全第一：各队列之间保持适当距离，避免踢球时砸伤其他幼儿。教师要密切关注幼儿的活动情况，及时纠正错误动作，防止幼儿在活动中受伤。

（2）纪律与秩序：教师要强调活动纪律，避免幼儿在踢球和追逐过程中打闹，确保活动有序进行。对于不听指挥的幼儿，教师要进行适当的教育和引导，确保活动安全顺利地开展。

三、动力回收站——单脚撑地

（一）活动目的

在剧烈的运动锻炼之后，为了帮助幼儿缓解肌肉紧张，促进血液循环，减缓乳酸堆积带来的酸痛，本环节设计了"单脚撑天"的拉伸活动。通过有趣的拉伸活动，幼儿能在欢乐的氛围中完成肌肉的静态拉伸，既能放松身心，又能培养团队协作能力。

（二）活动具体步骤

（1）准备姿势：幼儿仰卧，右腿弯曲，右脚全脚掌着地。

（2）开始动作：教师发出指令，幼儿左腿向上伸，双手握住腿部，并把左腿轻轻向上半身拉近。

（3）深化拉伸：左腿尽量靠近上半身，注意左腿不要弯曲，让幼儿身体的各个部位都能得到充分的拉伸，同时让幼儿感受到肌肉的舒展与放松。

（4）保持姿势：保持左腿贴近上半身，并在此位置停留片刻，让肌肉得到更深入的拉伸；然后换右腿重复进行以上动作。

（5）缓慢恢复：在教师的指令下，幼儿逐渐回到起始的站立姿势，完成整个拉伸过程。

注意事项

（1）安全第一：确保每名幼儿都有足够的活动空间。教师要特别注意幼儿的安全，避免幼儿在活动过程中拉伤韧带。

（2）适度拉伸：教师要强调拉伸应适度，避免过度用力，以免导致肌肉拉伤。在进行深度拉伸时，教师要仔细观察每名幼儿的反应，确保其在舒适的范围内进行活动。

（3）保持均匀呼吸：教师要引导幼儿在拉伸过程中保持均匀的呼吸，放松身体，避免出现憋气或过度紧张的情况。通过教师的鼓励和指导，幼儿能在活动中感受到放松的状态，享受恢复的过程。

（三）总结鼓励

活动结束后，教师将幼儿集合在一起进行活动总结。在活动中，幼儿表现出色，积极参与并掌握了踢固定球的动作要领。通过正确的定点踢球等动作，幼儿不仅增强了下肢力量，还提高了上、下肢的协调性。教师要着重表扬幼儿在活动中展现出的专注力和拼搏精神。教师要鼓励幼儿继续保持这份热情和积极向上的态度，不怕挫折，勇于挑战自我。此外，教师还应鼓励幼儿将所学的技能运用到日常生活中，以勇敢地迎接未来的挑战。

四、家庭总动员

家庭总动员的目的是将幼儿园的教学延伸到家庭环境中，增强家庭成员间的互动，巩固和拓展幼儿在幼儿园学到的运动技能和知识。通过共同参与家庭活动，幼儿不仅可以加深对踢固定球的理解，还能在家庭的支持和鼓励下，增强自信心和自我效能感。此外，这一环节的设计也意在鼓励家长更加积极地参与到幼儿的日常学习中，共同创建充满爱与学习氛围的家庭环境。基于此，本环节设计了三项家庭活动，鼓励家长与幼儿共同参与，以加强家庭成员间的互动，促进幼儿的综合发展。

1. 动画时间到

家长与幼儿一起观看一部以"配合与坚持"为主题的动画片，动画片重点呈现角色团队接力踢足球（如"S"形站队，相邻站位之间进行传球）的情节。

观看结束后，家长和幼儿进行以下问题的讨论：

（1）两个相邻站位的角色之间如何配合传球？

（2）如果队员们太累了，要怎么为队员们打气加油，帮助他们坚持下去？

家长通过动画，强化幼儿对踢固定球的认知（如下肢力量），并培养其理解团队配合和坚持不懈的精神。

2. 绘本小世界

家长与幼儿一起阅读一本以"节奏与专注"为主题的绘本，绘本描述角色团队通过配合鼓点的节奏来完成运输任务。

在阅读过程中，家长可以向幼儿提问：

（1）你可以保持专注，认真传好每一个球吗？

（2）你如何提高专注力？

家长可以使用音乐元素（如用拍手器打节拍），引导幼儿更有节奏地进行活动。

3. 一起动一动

（1）高抬腿：每组 30 秒，共做 2 组。确保动作规范，以提高练习效果。

（2）踢固定球：每组踢 10 个球，左右脚各做 2 组。家长陪伴幼儿一起踢球，并确保安全。

4. 中间休息

每项练习之间休息 15 秒，帮助幼儿恢复体力，避免过度疲劳。

5. 奖励措施

为了鼓励幼儿在家积极参与这些活动，教师可以提议开展一项班级竞赛，通过家长提交的视频或照片证明参与情况，幼儿可以据此获得小红星奖励。每周评选表现优异的幼儿，给予额外的奖励和表扬，以提高幼儿的积极性和参与感。这样不仅可以促进幼儿

身体素质的发展，还能增强亲子之间的互动和交流。

五、活动教学评价

（一）幼儿评价

在整个活动过程中，幼儿评价的目的是了解幼儿在各项活动中的表现，评价他们的技能掌握程度和行为态度，并识别他们在未来学习中需要加强的方面。这种评价有助于教师调整教学策略。表 7.1 是对幼儿在本次活动中表现的具体评价。

表 7.1　对幼儿在本次活动中表现的具体评价

幼儿评价	做得好的方面（动作、态度）	还需要努力的方面
踢固定球路	☆☆☆☆☆	☆☆☆☆☆

（二）教师教学评价与反思

第二节　翻滚吧！甜筒

> **课程目标**

本节课程通过常见的"甜筒"进行情境导入,旨在教会幼儿正确的直体侧滚翻动作,锻炼幼儿对姿势的控制能力,强化幼儿的核心力量,提升身体控制力。在本节课程中,幼儿将学会如何在直体侧滚翻过程中保持身体的紧张状态和稳定性,从而提升全身肌肉的协调性。通过这一练习,幼儿不仅能够增强身体素质,还能提高对自身运动状态的感知能力和控制能力。

> **动作练习**

直体侧滚翻。

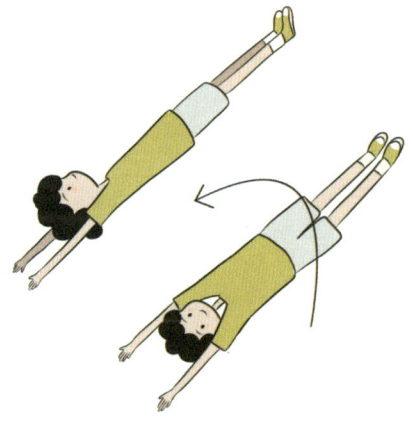

动作视频

直体侧滚翻是一种基础的体操动作,要求身体在保持直线状态下,依靠腰部和腿部的力量向一侧翻滚。这一动作对幼儿的核心力量、姿势控制和身体协调性有很高的要求,是提高幼儿身体控制能力的重要练习。

活动要领

（1）**准备动作**：幼儿仰卧于垫子上，双臂举高，双手在头顶合十，双腿伸直并拢。

（2）**转体翻滚**：幼儿依靠腰部和腿部的力量，将身体向一侧翻滚。在翻滚的过程中，幼儿要保持身体挺直及稳定，避免摇晃或失去平衡。

（3）**完成动作**：完成翻滚后，幼儿应该继续保持平衡姿势，直到在新的位置上停止。

活动目标

1. 知识目标

提高幼儿对翻滚动作的基本意识，使其了解直体侧滚翻的基本动作要领和注意事项。通过教师的讲解和示范，幼儿能清晰地认识到每个动作环节的重要性，避免在练习中出现错误姿势，以确保动作的安全性和有效性。

2. 能力目标

通过反复练习，幼儿将逐步掌握直体侧滚翻的技能，同时发展上肢力量，强化核心力量，提高身体控制力。幼儿能学会如何在翻滚过程中保持身体的紧张状态和稳定性，确保动作的连贯性和流畅性，从而提升整体运动能力。

3. 素质目标

激发幼儿对运动的兴趣，提高幼儿的身体素质，增强自信心和团队意识。在练习中，幼儿将体验到运动的乐趣。活动能培养幼儿勇于竞争的良好品质。通过集体活动和合作练习，幼儿会学会如何与同伴配合，以实现共同进步，进而养成积极向上的运动习惯。

活动重难点

1. 重点

正确的动作姿势是本活动的重点。幼儿需要学会在翻滚过程中保持两臂伸直夹紧，

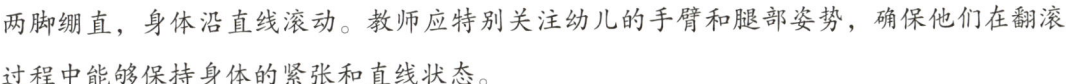

两脚绷直，身体沿直线滚动。教师应特别关注幼儿的手臂和腿部姿势，确保他们在翻滚过程中能够保持身体的紧张和直线状态。

2. 难点

上、下肢的协调配合及身体核心的控制是本活动的难点。幼儿需要在翻滚过程中高度协调上肢和下肢的动作，保持身体的平衡和稳定。特别是核心力量的控制，对幼儿来说是一个挑战。教师应通过分解动作和逐步练习，帮助幼儿提高协调能力和核心控制力，确保他们能够在翻滚过程中保持动作的连贯性和稳定性。

活动内容

一、身体总动员——球球争夺战

（一）活动目的

通过本活动，幼儿将伴随着音乐的节奏调动身体，全面激活身心状态。该活动不仅能够锻炼幼儿的反应能力和身体协调性，培养幼儿的竞争意识、思考能力和判断力，还能在热身的同时，有效激发幼儿的运动兴趣，为幼儿接下来的户外活动或体育课程打下良好的身体基础。

（二）场地器材

1. 场地需求

宽敞、平坦、安全的室内或室外活动场地。

2. 器材准备

在活动区域铺设彩虹垫，以确保幼儿在活动中的安全；围绕场地贴一圈彩虹胶带；准备小球若干。

（三）活动具体步骤

1. 准备活动

幼儿在彩虹胶带围起来的范围内沿着彩虹胶带行走，场地中随意放置若干个小球。

2. 实施活动

当音乐响起时，幼儿开始行走；当音乐暂停时，幼儿迅速爬向场地中间抓取小球。游戏进行2组。

3.活动要求

幼儿需要尽可能获取更多小球。这一环节能锻炼幼儿的反应能力，全面激活幼儿的身体机能。

（四）注意事项

（1）教师应根据幼儿的实际情况，合理控制活动的节奏和强度，避免幼儿过度疲劳。

（2）教师应密切关注整个活动进程，确保每名幼儿之间保持安全距离，观察幼儿的参与情况。

二、能量大爆发——翻滚吧！甜筒

（一）活动目的

本活动旨在通过直体侧滚翻游戏，发展幼儿的上肢力量，强化幼儿的核心力量和身体控制力。在翻滚过程中，幼儿要保持身体的紧张状态和稳定性，确保动作的连贯性和流畅性，从而提升整体运动能力。幼儿可以在轻松愉快的氛围中锻炼身体，并培养团队合作精神和比赛意识。

（二）场地器材

1.场地需求

宽敞平坦的室内或室外活动场地，确保每名幼儿有足够的活动空间。

2.器材准备

在地面上铺设柔软的垫子，以防幼儿在翻滚过程中擦伤。

（三）活动具体步骤

1.任务一：甜筒翻翻乐

（1）准备阶段：教师先向幼儿介绍活动内容和规则，并示范正确的直体侧滚翻姿势和技巧。

（2）实操阶段：教师发出指令后，幼儿仰卧在垫子上，双臂举高，双手在头顶合十，双腿伸直并且并拢，将身体向一侧翻滚。在翻滚的过程中，教师应提醒幼儿保持身体挺直及稳定，避免摇晃或失去平衡。

（3）总结反馈：教师观察幼儿翻滚表现，针对幼儿在直体侧翻滚过程中出现的问题进行点评和指导，帮助幼儿改进直体侧翻滚技巧。

2.任务二：甜筒滚滚乐

（1）准备阶段：教师根据现场情况将幼儿分成若干组，每组幼儿人数相等。

（2）实操阶段：音乐开始时，每组第一名幼儿进行直体侧滚翻，翻滚固定距离后跑回起点，以击掌的方式接力，下一名幼儿进行翻滚。以此类推，直至每组幼儿都完成翻滚。

（3）总结反馈：教师统计每组幼儿的翻滚时长，并将翻滚时长最短的一组幼儿评为"最佳翻滚小组"。同时，教师应针对幼儿在翻滚过程中出现的问题进行点评和指导。

小贴士

（1）幼儿在翻滚时应注意依靠腰部和腿部的力量控制身体姿势。

（2）在翻滚过程中，幼儿要高度协调上肢和下肢的动作，保持身体的平衡和稳定。

（四）注意事项

（1）各组之间保持适当距离。教师要密切关注幼儿的活动情况，及时纠正错误动作，防止幼儿在活动中受伤。

（2）教师要强调活动纪律，确保活动有序进行。对于不听指挥的幼儿，教师应进行适当的教育和引导，确保活动安全、顺利地进行。

三、动力回收站——自行车

（一）活动目的

在剧烈的运动之后，为了帮助幼儿缓解肌肉紧张，促进血液循环，避免乳酸堆积带来的酸痛，本环节设计了"自行车"的拉伸活动。幼儿能在欢乐的氛围中完成肌肉的静态拉伸，既放松了身心，又培养了团队协作能力。

（二）活动具体步骤

（1）准备姿势：幼儿俯卧，双腿伸直，保持身体笔直。

（2）开始动作：教师发出指令，幼儿用右手握住右脚，并慢慢向右臂靠近，左腿保持伸直状态。

（3）保持姿势：保持右脚贴近右臂，并在此位置停留片刻，让肌肉得到更深入的拉伸，左脚重复以上步骤。

（4）缓慢恢复：在教师的指令下，幼儿逐渐回到起始的站立姿势，完成整个拉伸过程。

注意事项

（1）安全第一：教师要特别注意幼儿的安全，避免幼儿在活动过程中拉伤韧带。

（2）适度拉伸：教师要强调拉伸应适度，避免过度用力，以免导致肌肉拉伤。在进行深度拉伸时，教师要仔细观察每个幼儿的反应，确保其在舒适的范围内进行活动。

（3）保持均匀呼吸：教师要引导幼儿在拉伸过程中保持均匀的呼吸，放松身体，避免出现憋气或过度紧张的情况。通过教师的鼓励和指导，幼儿能在活动中感受到放松的状态，享受恢复的过程。

（三）总结鼓励

在"翻滚吧！甜筒"活动中，幼儿表现出色，积极参与并掌握了直体侧滚翻的动作要领。通过正确的直体侧滚翻动作，幼儿不仅增强了腰部力量，还提高了上、下肢的协调性。教师要表扬幼儿在活动中展现出的专注力和拼搏精神。教师提出希望，希望幼儿能够继续保持这份热情和积极向上的态度，不怕挫折，勇于挑战自我，并将所学的技能运用到日常生活中，勇敢地迎接未来的挑战。

四、家庭总动员

幼儿园里的欢声笑语总是不断，当幼儿将直体侧滚翻这项有趣的体育活动带回家，便开启了一段全新的家庭总动员。家长与幼儿一起翻滚、旋转，在欢笑中将亲情与教育相结合。这样的活动锻炼了幼儿的身体协调能力。在家长的陪伴下，幼儿能在快乐中学习，在学习中进步。基于此，本环节设计了三项家庭活动，鼓励家长与幼儿共同参与，以加强家庭成员间的互动，促进幼儿的综合发展。

1. 动画时间到

家长陪同孩子一起观看一部以"翻滚的山羊"为主题的动画片，不仅能丰富他们的课余生活，还能使幼儿从中学到勇敢、友善和团结的精神。

2. 绘本小世界

家长和幼儿一起阅读一本以"翻滚"为主题的绘本，引导他们探索书中的世界，发挥想象力，同时也为接下来的运动环节做好准备。

3. 一起动一动

（1）弓步走：每组20秒，共做2组，以帮助幼儿放松腿部肌肉。

（2）侧滚翻：每组20秒，共做2组。过程中，家长帮助幼儿回顾直体侧滚翻动作要领。

4. 中间休息

每项练习之间休息15秒，帮助幼儿恢复体力，避免过度疲劳。

5. 奖励措施

为了鼓励幼儿在家里完成本环节练习，教师可以提议开展班级竞赛，给予幼儿一定的小红星奖励。家长可以记录幼儿在家的表现，并反馈给教师。教师根据幼儿的表现，每周评选表现优异的幼儿，给予额外的奖励，增强幼儿的积极性和参与感。这样不仅可以促进幼儿身体素质的发展，还能增强亲子之间的互动和交流。

五、活动教学评价

（一）幼儿评价

在整个活动过程中，幼儿评价的目的是了解幼儿在各项活动中的表现，评价他们的技能掌握程度和行为态度，并识别他们在未来学习中需要加强的方面。这种评价有助于教师调整教学策略。表7.2是对幼儿在本次活动中表现的具体评价。

表7.2　对幼儿在本次活动中表现的具体评价

幼儿评价	做得好的方面（动作、态度）	还需要努力的方面
直体侧滚翻	☆☆☆☆☆	☆☆☆☆☆

（二）教师教学评价与反思

第三节　飞夺泸定桥

课程目标

本节课程旨在通过走平衡木的练习，提高幼儿控制姿势的能力，同时锻炼其身体平衡能力和身体协调能力。走平衡木是一项有挑战性的运动，通过练习能够培养幼儿的自信心和勇气。

动作练习

走平衡木。

动作视频

走平衡木是一种常见的体能训练项目，也是体操运动中的基本动作之一。这一项目要求幼儿在狭窄而高低不平的平衡木上行走，行走时要控制好身体的平衡，保持姿势稳定。这项活动旨在通过反复练习，让幼儿逐渐掌握在平衡木上行走的技巧，提高他们的平衡能力和身体控制能力。

活动要领

（1）**打开双臂，控制身体重心**：确保身体重心位于躯干中央，这样可以更好地保持平衡，避免摔倒。

（2）**目视前方**：保持目视前方，有助于保持平衡，准确地控制步伐和姿势。

（3）**双脚交替前行**：双脚一前一后交替前行，步伐要稳健而有序，注意保持步伐的节奏和速度。

活动目标

1. 知识目标

帮助幼儿提高对走平衡木正确动作的认识，包括了解走平衡木的基本动作要领和注意事项。通过教师的教学和示范，幼儿能了解如何在平衡木上正确地站立、行走和转身，以及如何保持平衡。

2. 能力目标

教师教授幼儿正确的走平衡木技能，以提高他们的身体平衡能力，加强核心力量。通过练习，幼儿能学会如何将重心控制在合适的位置，如何准确地迈步和落脚，以及如何保持身体的稳定性。

3. 素质目标

激发幼儿对平衡木运动的兴趣，提高他们身体的平衡能力，并培养专注力。通过挑战身体的平衡极限，培养幼儿敢于尝试、不怕挫折、克服困难的品质，增强他们的自信心和自尊心。

活动重难点

1. 重点

活动的重点在于走平衡木时落脚点要准确，身体核心要收紧。正确执行动作能够帮助幼儿保持身体平衡和稳定，降低摔倒的风险。

2. 难点

活动的难点在于对身体平衡的控制，幼儿在走平衡木时需要保持身体平衡。

活动内容

一、身体总动员——小猫钓鱼

（一）活动目的

本活动设置热身场景导入，有效激发幼儿的运动兴趣，激活幼儿的身心状态，锻炼幼儿保持身体平衡的能力及耐心，在快乐热身的同时，增强幼儿的核心力量和手眼协调能力，为接下来的户外活动或体育课程打下良好的身体基础。

（二）场地器材

1. 场地需求

宽敞、平坦且安全的室内或室外活动场地。

2. 器材准备

音响、彩色标志或地贴（用于标明活动区域）、标志桶、标志碟、波速球、杆子。

（三）活动具体步骤

1. 准备活动

教师课前需完成教具准备（在起点摆放4个标志桶，正对面终点处同列摆放标志桶，终点标志桶前放置4个波速球，波速球旁有杆子，前方散落若干标志碟）。幼儿在教师的指导下站在起点处，彼此间保持适当的距离，确保活动过程中不会互相碰撞。

2. 游戏开始

教师播放音乐增强气氛，发出"开始"指令。幼儿从起点跑步出发到达波速球处后，双脚跳上波速球，下蹲拿起杆子，起身站立后利用杆子钩起标志碟（小鱼），钩到后拿上小鱼，同样下蹲放下杆子，随后双脚跳下波速球，跑步回到起点。每次出发后，幼儿最多携带一个标志碟（小鱼）返程。这一环节不仅能提高幼儿的平衡能力，还能锻炼幼儿的耐心。

3. 结束环节

游戏结束后，幼儿分享参与游戏的感受与收获，教师对幼儿的表现进行点评和表扬，鼓励积极参与和表现优异的幼儿。

（四）注意事项

（1）节奏把控：教师应根据幼儿的实际情况，合理控制活动的节奏和强度，避免幼儿过度疲劳。

（2）现场维护：教师需全程观察幼儿的行为，确保每名幼儿都能安全地参与活动，避免出现争抢标志碟、跑出活动场地等情况。若幼儿身体控制能力较弱，跳上及跳下波速球或者拿取标志碟时，可能会出现因重心不稳而摔倒以及幼儿间发生碰撞等情况，教师应及时提供帮助，避免危险状况发生。

（3）鼓励参与：在活动过程中，教师应给予幼儿鼓励和帮助，关注幼儿的情绪，确保每名幼儿都能积极参与并享受活动的乐趣。

二、能量大爆发——飞夺泸定桥

（一）活动目的

本活动旨在强化幼儿的身体平衡能力，提升幼儿对身体的控制能力。通过有趣的闯关游戏，幼儿将在游戏中学到安全平稳地走过平衡木的技能，其对身体姿势控制的能力将得到锻炼。这些技能的练习不仅能提高幼儿的身体协调性，还能锻炼幼儿的专注力和胆量。

（二）场地器材

1. 场地需求

宽敞平坦的室内或室外活动场地，确保每名幼儿有足够的活动空间。

2. 器材准备

平衡木若干、小球若干、彩虹垫、音响。

（三）活动具体步骤

1. 任务一：冲锋独木桥

（1）准备阶段：教师摆放好平衡木，平衡木下需摆放彩虹垫作为保护，幼儿在平衡木起点排成一列纵队等待。

（2）实操进行：幼儿在教师发出指令后出发，双脚交替前行，可张开双臂以保持平衡，两眼目视前方。幼儿依次走过平衡木。

（3）总结反馈：每轮活动结束后，教师应针对幼儿在活动过程中出现的问题进行点评和指导，并对练习过程中表现优异的幼儿给予表扬和奖励，提高幼儿运动的积极性，帮助幼儿学习姿势控制技巧。

2.任务二：跨越悬崖

（1）准备阶段：教师分两个赛道以"大"字形摆放若干平衡木，幼儿手拿小球分2组站在起点。

（2）实操进行：幼儿听到教师指令后出发。幼儿从平衡木起点出发，保持弯腰姿势，小手向前滚小球，走完平衡木后，在平衡木终点转身，返回时站立行走即可，将小球传递给下一名幼儿，组内所有幼儿完成"物资运送"后活动结束。

（3）总结反馈：游戏结束后，教师宣布用时最少的小组获胜，并将其评为"勇敢冲锋队"。同时，教师应针对幼儿在活动过程中出现的问题进行点评和指导，帮助幼儿提高身体控制能力和平衡协调能力。

小贴士

幼儿推动小球及转身时，注意保持身体重心的稳定。

（四）注意事项

（1）确保活动场地平整且没有尖锐或危险物品。

（2）教师应密切关注整个活动进程，确保每名幼儿之间的安全距离和幼儿的积极参与，并在必要时给予指导和帮助，避免发生从平衡木上跌落的情况。

三、动力回收站——小蜗牛

（一）活动目的

在进行充分的运动后，幼儿的身体肌肉处于紧张状态，乳酸堆积可能导致肌肉酸痛。因此，适时的静态拉伸对幼儿的身体至关重要。这不仅有助于促进血液循环，缓解运动疲劳，还能提高肌肉的柔韧性，预防运动损伤。本环节设计了"小蜗牛"的拉伸活动，教师应充分重视这一环节，确保每名幼儿都能得到充分的拉伸与放松。

（二）活动具体步骤

（1）准备姿势：幼儿跪立在彩虹垫上。

（2）开始动作：教师示范并指导幼儿向后弯腰。

（3）深化拉伸：在保持所有动作不变的前提下，上举双臂。

（4）保持姿势：当达到最大拉伸感时，幼儿保持该姿势约15秒，深呼吸以辅助拉伸。

（5）缓慢恢复：在教师的指导下，幼儿缓慢回正身体，保持起始跪立姿势。

注意事项

（1）保持适度拉伸：在拉伸过程中，幼儿应感受到肌肉的轻微拉伸，但不应感到疼痛。教师应随时观察幼儿的表情和状态，避免其过度拉伸。

（2）保持正确姿势：拉伸时，教师应指导幼儿保持正确的拉伸姿势，确保拉伸效果和安全。

（3）注意呼吸：在拉伸过程中，幼儿应保持均匀的呼吸，避免憋气。教师应提醒幼儿在拉伸时注意呼吸的节奏，使拉伸更加有效。

（三）总结鼓励

在本次活动结束后，教师总结幼儿的整体表现，特别指出幼儿平衡能力的锻炼情况。本活动不仅能提高幼儿的平衡能力，还能提高他们对身体姿势控制的能力。通过回顾整个活动，教师要肯定幼儿在走平衡木时表现出的平衡能力和胆量，以及在比赛时的拼搏精神和团队精神，并激励幼儿在未来的活动中继续保持这种积极的态度，乐观地应对生活和学习中的各种挑战。本活动不仅能增强幼儿对体育技能的掌握，也为他们的全面发展奠定了基础。

四、家庭总动员

家长与幼儿共同参与的家庭活动，不仅可以加深幼儿对走平衡木的理解，还能让他们从家庭的支持和鼓励中增强自信心和自我效能感。基于此，本环节设计了三项家庭活动，将幼儿园的教学延伸到家庭环境中。这些活动不仅能加强家庭成员间的互动，鼓励家长更加积极地参与到幼儿的日常学习中，共同创建充满爱与学习的家庭环境，而且能巩固和拓展幼儿在幼儿园学到的运动技能和知识，促进幼儿的综合发展。

1.动画时间到

家长与幼儿一起观看一部以"森林补给队"为主题的动画片，动画片重点呈现以下情节：

（1）角色通过走平衡木（双臂平举保持平衡）通过独木桥。

（2）角色能够携带物品成功通过独木桥。

观看结束后，家长和幼儿进行以下互动。

（1）讨论：走独木桥时为什么要张开手臂？这样会更容易保持平衡吗？

（2）鼓励幼儿尝试挑战来回推着小球走平衡木，运动结束后要拉伸放松。

2. 绘本小世界

家长与幼儿一起阅读一本以"勇气与选择"为主题的绘本，例如：绘本描述小羊通过走独木桥过河，帮朋友们求救的故事。

阅读过程中，家长可以向幼儿提问：如果你是绘本里的小动物，你会选择什么方式过河？

家长可以结合实物操作，帮助幼儿将策略思维具象化。

3. 一起动一动

（1）走平衡木：两点往返一次为一组，共做3组。此活动能增强幼儿的平衡能力。

（2）原地高抬腿：每组15个，共做2组。此活动能增强幼儿的下肢力量和核心力量。

4. 中间休息

每项练习之间休息15秒，让幼儿有足够的时间恢复体能，确保运动效果。

5. 奖励措施

为了鼓励幼儿在家积极参与这些活动，教师可以提议开展一项班级竞赛，通过家长提交的视频或照片证明参与情况，幼儿可以据此获得小红星奖励。这不仅增加了家庭成员参与的乐趣，还有助于幼儿形成持续学习和锻炼的良好习惯。通过这些精心设计的活动，幼儿不仅能在幼儿园得到学习和锻炼，还能在家与家人一起继续实践并享受学习的乐趣，使他们的身心得到全面发展。

五、活动教学评价

（一）幼儿评价

在整个活动过程中，幼儿评价的目的是了解幼儿在各项活动中的表现，评价他们的技能掌握程度和行为态度，并识别他们在未来学习中需要加强的方面。这种评价有助于教师调整教学策略。表7.2是对幼儿在本次活动中表现的具体评价。

表7.3 对幼儿在本次活动中表现的具体评价

幼儿评价	做得好的方面（动作、态度）	还需要努力的方面
走平衡木	☆☆☆☆☆	☆☆☆☆☆

（二）教师教学评价与反思

第八章 幼儿身体活动——体态拉伸

第一节 柔软的毛毛虫

课程目标

本节课程旨在通过学习坐位体前屈的动作技巧，使幼儿掌握坐位体前屈的动作技能，同时增强身体的柔韧性，改善身体姿势和体态。通过系统的训练和练习，幼儿能够学会如何正确地进行坐位体前屈，在提升身体协调性和控制能力的同时，预防因姿势不正确带来的健康问题，进而促进身体的全面发展。

动作练习

坐位体前屈。

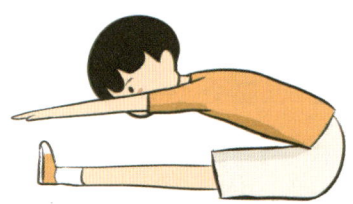

动作视频

坐位体前屈是指幼儿从坐姿开始，双腿伸直并紧贴地面，双臂向上伸直。然后，缓慢而平稳地屈体向前倾，以腰部为中心，尽可能地向脚的方向伸展手臂和身体，同时尽量使上半身伸展，感受脊柱的延伸。这个动作主要拉伸背部、腰部和腿部的肌肉群，能

够有效提高幼儿身体的柔韧性和灵活性，同时促进血液循环，改善身体姿势和体态。

活动要领

（1）**准备姿势**：从坐姿开始，双腿并拢伸直，后背挺直，双肩放松，双臂上举，眼睛平视前方。

（2）**屈体动作**：在腹股沟处折叠，前屈向下，双腿伸直，双手伸向脚尖，感受脊柱的伸展。

（3）**动作回收**：缓慢起身，双臂回收，回到初始坐姿，保持均匀呼吸。

活动目标

1. 知识目标

培养幼儿对坐位体前屈的认识，使其了解坐位体前屈的动作要领。通过讲解和示范，使幼儿能够清晰地理解动作的要点，从而更好地练习和掌握动作。

2. 能力目标

掌握坐位体前屈的动作技能，提升幼儿身体的柔韧性，强化幼儿的运动表现。通过反复的练习和指导，幼儿能够逐步提高身体的柔韧性和协调性，在核心力量得到增强的同时，身体也得到全面发展。

3. 素质目标

激发幼儿对身体柔韧性锻炼的兴趣，进而提高幼儿身体的柔韧性。此外，活动能培养幼儿的专注力，以及敢于尝试、不怕挫折、坚持不懈的良好品质，还能够增强幼儿的耐心。通过游戏和互动，幼儿能够在快乐的氛围中享受锻炼的乐趣，并树立自信心。

活动重难点

1. 重点

活动的重点是双腿保持伸直，在进行坐位体前屈时，确保双腿始终保持伸直，脚尖朝上，膝盖不能弯曲。

2. 难点

活动的难点是屈体前倾时，在腹股沟处折叠，胸部尽量靠近大腿，这对于柔韧性较差的幼儿来说是一个挑战，需要反复练习和调整动作。

活动内容

一、身体总动员——开火车

（一）活动目的

本活动的目的是有效激发幼儿的运动兴趣，激活幼儿的身心状态。该活动能够提高幼儿的身体柔韧性，在快乐热身的同时，增强幼儿的身体控制能力，为接下来的户外活动或体育课程打下良好的身体基础。

（二）场地器材

1. 场地需求

宽敞、平坦且安全的室内或室外活动场地。

2. 器材准备

音响、彩色标识或地贴（以标明活动区域）、彩虹垫。

（三）活动具体步骤

1. 准备活动

将幼儿分为4组，在教师的指导下排成纵队坐在彩虹垫上，彼此间保持适当的距离，确保活动过程中向前伸展手臂时手指可以触碰到前一名幼儿的背部。

2. 游戏开始

教师播放音乐活跃气氛，以教师喊"12345678"时为例：幼儿在听到"1256"时，双腿伸直，呈坐位体前屈的姿势，在腹股沟处折叠身体，尽可能触碰到脚尖或前一名幼儿的背部；在听到"3478"时，幼儿双手撑在身体两侧，双腿屈膝收回。这一环节不仅能够提高幼儿的柔韧性，还能锻炼幼儿的专注力。

3. 结束环节

游戏结束后，教师对幼儿的表现进行点评，鼓励积极参与和表现优异的幼儿。

（四）注意事项

（1）节奏把控：教师应根据幼儿的实际情况，合理控制活动的节奏和强度，避免

幼儿过度疲劳。

（2）现场维护：教师需全程观察幼儿的行为，确保每名幼儿都能安全参与活动，避免出现推搡等情况；幼儿动作不标准时教师应及时进行指导，避免危险状况发生。

（3）鼓励参与：活动过程中教师应给予幼儿鼓励和帮助，关注幼儿情绪，确保每名幼儿都能积极参与并享受活动的乐趣。

二、能量大爆发——柔软的毛毛虫

（一）活动目的

本活动旨在强化幼儿对身体姿态的控制，提升幼儿身体柔韧性。通过有趣的闯关游戏，幼儿将在游戏中掌握坐位体前屈的动作要领，这些动作的练习不仅能增强幼儿的身体协调性，也能为其未来参与其他运动奠定一定的基础。

（二）场地器材

1. 场地需求

宽敞平坦的室内或室外活动场地，确保每名幼儿有足够的活动空间。

2. 器材准备

瑜伽砖（若干）、彩虹垫、音响。

（三）活动具体步骤

1. 任务一：虫虫好朋友

（1）准备阶段：教师将每2名幼儿分为一组。

（2）实操进行：分在一组的幼儿在教师的指导下，面对面坐在彩虹垫上，双腿伸直，脚底相对，随后在尽可能保证膝盖不弯曲的情况下，2名幼儿牵住对方的手。

（3）总结反馈：活动结束后，教师应针对幼儿在活动过程中出现的问题进行点评和指导，并对练习过程中表现优异的幼儿进行表扬，提高幼儿的运动积极性，帮助幼儿学习身体姿势的控制技巧。

2. 任务二：冬季存粮

（1）准备阶段：本轮为幼儿个人赛，教师准备好瑜伽砖，统一且整齐地叠放在幼儿身体右侧。

（2）实操进行：幼儿需等待教师指令进行活动。教师发出"开始"指令后，幼儿从身体右侧拿取一块瑜伽砖，做坐位体前屈，放在身体正前方，在保证姿势不变的情况下，尽可能地将瑜伽砖放在最远处。幼儿拿取瑜伽砖时，须按照从上往下的顺序，且每次只能拿取一块瑜伽砖，叠放在身体前方时要保证整齐，待右侧瑜伽砖全部拿取并在身体前方正中间叠放完毕后，使用同样的操作方式，将瑜伽砖从身体最前方移至身体左侧。教师计时1分钟，1分钟后竞赛结束。

（3）总结反馈：游戏结束后，教师宣布搬运次数最多的幼儿为获胜者。同时，教师应针对幼儿在活动过程中存在的问题进行点评和指导，帮助幼儿提高身体控制能力和手眼协调能力。

幼儿需要保证动作完整有效，不能因为追求速度而放弃动作的精准度。

（四）注意事项

（1）确保活动场地平整且没有尖锐或危险物品。

（2）教师应密切关注整个活动进程，确保幼儿之间保持安全距离，关注幼儿的参与情况，并在必要时给予指导和帮助，以增强幼儿的自信心和执行力。

三、动力回收站——摸摸小脚

（一）活动目的

在进行充分的运动后，幼儿的身体肌肉处于紧张状态，乳酸堆积可能导致肌肉酸痛。因此，进行适当的静态拉伸对幼儿的身体健康至关重要。这不仅有助于促进血液循环，缓解运动疲劳，还能提高肌肉的柔韧性，预防运动伤害。本环节设计了"摸摸小脚"的拉伸活动，教师应充分重视这一环节，确保每名幼儿都能得到充分的拉伸与放松。

（二）活动具体步骤

（1）准备姿势：幼儿站在彩虹垫上，手放在身体两侧。

（2）开始动作：教师示范并指导幼儿在弯腰前先将胳膊举过头顶，随后弯腰。

（3）深化拉伸：在保持所有动作不变的前提下，尽可能保证两腿及膝盖不弯曲，双手触碰自己的脚。

（4）保持姿势：当双手达到肌肉最大拉伸感的位置时，幼儿保持该姿势约15秒，并深呼吸以辅助拉伸。

（5）缓慢恢复：在教师的指导下，幼儿把手举过头顶，拉紧脊柱。

注意事项

（1）保持适度拉伸：在拉伸过程中，幼儿应感受到肌肉的轻微拉伸，但不应感到疼痛。教师应随时观察幼儿的表情和状态，避免其过度拉伸。

（2）保持正确姿势：拉伸时，教师应指导幼儿保持正确的拉伸姿势，确保拉伸效果和安全。

（3）注意呼吸：在拉伸过程中，幼儿应保持均匀的呼吸，避免憋气。教师应提醒幼儿在拉伸时注意呼吸的节奏，使拉伸更加有效。

（三）总结鼓励

在本活动结束后，教师总结幼儿的整体表现，特别指出幼儿坐位体前屈的技能掌握情况。本活动不仅能增强幼儿的柔韧性，还能提高他们对身体姿势的控制能力。通过回顾整个活动，教师要肯定幼儿在活动时的积极参与情况，在坐位体前屈时动作规范的情况，并激励幼儿在未来的活动中继续保持这种积极的态度，更乐观地应对生活和学习中的各种挑战。这不仅能增强幼儿的运动技能，也为幼儿的全面发展奠定了基础。

四、家庭总动员

家长与幼儿共同参与的家庭活动，不仅可以加深幼儿对坐位体前屈的理解，还能让他们从家庭的支持和鼓励中增强自信心和自我效能感。基于此，本环节设计了三项家庭活动，将幼儿园的教学延伸到家庭环境中。这些活动不仅能增加家庭成员间的互动，鼓励家长更加积极地参与到幼儿的日常学习中，共同创建充满爱与学习氛围的家庭环境，也能巩固和拓展幼儿在幼儿园学到的运动技能和知识，促进幼儿的综合发展。

1. 动画时间到

家长与幼儿一起观看一部以"瑜伽拉伸与放松活动"为主题的动画片，动画片重点呈现以下情节：

（1）角色通过坐位体前屈进行运动结束后的放松（如运动后拉伸肌肉）。

（2）角色用坐位体前屈进行瑜伽运动，可以设置搬运瑜伽砖的练习（如让幼儿尽可能把瑜伽砖向身前放置）。

观看结束后，家长和幼儿进行以下互动。

（1）讨论：坐位体前屈拉伸的是哪几块肌肉呢？感受到哪里酸痛呢？

（2）鼓励幼儿尝试向前伸展，抱住自己的小腿。

家长引导幼儿通过组合动作（完全蜷缩）进行放松。

2. 绘本小世界

家长与幼儿一起阅读一本以"习惯与放松"为主题的绘本，绘本描述角色团队通过坐位体前屈实现改正错误坐姿的目的。

阅读过程中，家长可以向幼儿提问：

（1）哪些坐姿是错误的呢，该怎么避免错误坐姿？

（2）你能再演示一次坐位体前屈的姿势吗？

家长可以通过对人体模型的操作（用模型展示动作的可能性），帮助幼儿将抽象策略具象化。

3. 一起动一动

（1）坐位体前屈：每组动作持续10秒，共做3组。此活动能增强幼儿的柔韧性。

（2）高抬腿跑：每组15秒，共做2组。此活动能增强幼儿的身体耐力。

4. 中间休息

每项练习之间休息15秒，让幼儿有足够的时间恢复体能，确保运动效果。

5. 奖励措施

为了鼓励幼儿在家积极参与这些活动，教师可以提议开展一项班级竞赛，通过家长提交的视频或照片证明参与情况，幼儿可以据此获得小红星奖励。这不仅增加了家庭成员参与的乐趣，还有助于幼儿形成持续学习和锻炼的良好习惯。通过这些精心设计的活动，幼儿不仅能在幼儿园得到学习和锻炼，还能在家与家人一起继续实践并享受学习的乐趣，使他们的身心得到全面发展。

五、活动教学评价

（一）幼儿评价

在整个活动过程中，幼儿评价的目的是了解幼儿在各项活动中的表现，评价他们的技能掌握程度和行为态度，并识别他们在未来学习中需要加强的方面。这种评价有助于

幼儿体适能基础教程

教师调整教学策略。表 8.1 是对幼儿在本次活动中表现的具体评价。

表 8.1 对幼儿在本次活动中表现的具体评价

幼儿评价	做得好的方面（动作、态度）	还需要努力的方面
坐位体前屈	☆☆☆☆☆	☆☆☆☆☆

（二）教师教学评价与反思

第二节　摇摆的海草

课程目标

本节课程旨在通过学习立位体侧屈和坐位体侧屈的动作，发展幼儿体侧屈的动作技能，增强幼儿的体质，改善幼儿的姿势和姿态。通过系统的训练和练习，幼儿能够学会如何正确地进行立位体侧屈和坐位体侧屈，在提升身体协调性和控制能力的同时，预防姿势不正确带来的健康问题，进而促进身体的全面发展。

动作练习

立位体侧屈和坐位体侧屈。

动作视频

1. 立位体侧屈

立位体侧屈是指幼儿从站立姿势开始，上半身向一侧倾斜，使身体尽量伸展的一种动作。此动作有助于拉伸侧腰、背部和腹部的肌肉群，提高全身的柔韧性和协调性。

2. 坐位体侧屈

坐位体侧屈是指幼儿从坐姿开始，通过上半身向一侧倾斜，使身体尽量伸展的一种动作。此动作有助于拉伸侧腰、背部和腹部的肌肉群，提高柔韧性和灵活性，改善身体姿势和体态。

活动要领

以坐位体侧屈为例。

（1）**身体姿势**：从坐姿开始,保持上半身直立,双腿分开且伸直。

（2）**动作过程**：开始屈体时,以髋关节为中心,缓慢而平稳地向一侧侧屈,确保在做动作的过程中身体始终保持稳定。

（3）**拉伸幅度**：尽量伸展侧腰和腹部的肌肉,感受拉伸,但不要勉强,根据个人柔韧性适度调整拉伸幅度。

活动目标

1. 知识目标

提高幼儿对于体侧屈动作的了解,使其了解立位体侧屈和坐位体侧屈的基本动作要领和注意事项。通过教师的讲解和示范,幼儿能够认识到身体柔韧的重要性,并能够正确理解和执行每一个动作。

2. 能力目标

掌握立位体侧屈和坐位体侧屈的动作技能,提升幼儿的身体柔韧性,强化幼儿的运动表现。通过反复练习和教师的指导,幼儿能逐步提高身体的柔韧性和协调性,增强核心力量,使其身体得到全面发展。

3. 素质目标

激发幼儿对柔韧锻炼的兴趣,提高幼儿的身体柔韧性,锻炼其专注力。培养幼儿敢于尝试、勇于挑战、坚持不懈的良好品质,增强意志力。通过有趣的游戏和互动,幼儿能在愉快的氛围中享受锻炼的乐趣,树立自信心。

活动重难点

1. 重点

活动的重点在于确保双腿始终保持伸直,膝盖不弯曲。此外,上半身向一侧倾斜时,侧腰尽量贴近大腿,感受侧腰和腹部的拉伸。

2. 难点

活动的难点在于收紧身体核心。在做动作时，确保腹部微收、核心收紧，这样可以稳定身体，提高动作的效果和安全性。

活动内容

一、身体总动员——身体拍拍乐

（一）活动目的

本活动旨在通过简单的热身操动作激发幼儿的身体机能，唤醒肌肉细胞。该活动不仅可以达到简单的热身效果，还可以帮助幼儿熟悉自己身体的各个部分，也能够锻炼幼儿的注意力，充分调动他们的积极性，提高他们参与体育活动的积极性。

（二）场地器材

宽敞的室内或室外环境，确保地面平整。

（三）活动具体步骤

1. 准备阶段

教师组织幼儿围成一个圈，教师站在圈的中间。

2. 实操环节

教师播放欢快的音乐，一边做动作示范一边念："拍拍你的小手，拍！拍！拍！跺跺你的小脚，跺！跺！跺！小手举高！放下！举高！放下！双手打开绕个圈，嘿咻！嘿咻！这是你的脑袋，摇一摇！摇一摇！这是你的肩膀，拍一拍！拍一拍！这是你的腰，扭一扭！扭一扭！这是你的膝盖，转一转！转一转！跺跺脚！拍拍肩！摇摇头！摆摆手！健康宝宝就是我！"

（四）注意事项

（1）幼儿之间保持适当的间距。

（2）教师的指令可以慢一些，给幼儿一些思考的时间。

二、能量大爆发——摇摆的海草

（一）活动目的

该活动旨在拉伸幼儿的手臂、腰部、腹部肌肉，使幼儿掌握立位体侧屈和坐位体侧

屈的基本动作及注意事项，学会用正确的方法发力，进而提高幼儿的柔韧度、身体协调性及身体素质。

（二）场地器材

1. 场地需求

开阔的室内或者室外场地。

2. 器材准备

彩虹垫若干。

（三）活动具体步骤

1. 任务一：坐位体侧屈

（1）准备阶段：教师组织幼儿排成4排。

（2）实操阶段：教师引导幼儿双手向上平举，教师说："风吹过来啦，向这边吹！"教师上半身向左（右）侧倾，幼儿跟随教师做相应动作，将姿势保持5秒左右再换另一边，重复多次。

2. 任务二：海草摇

（1）准备阶段：本轮为幼儿个人赛，幼儿统一坐在彩虹垫上。

（2）实操阶段：幼儿需等待教师发出指令后再进行活动。教师发出"开始"指令后，幼儿双腿伸直坐在彩虹垫上，一只手轻推地面，肩膀下沉，颈部上提，头在脊柱的延长线上，另一只手向斜上方伸展，大臂外旋，手指用力，眼睛透过大臂看向斜上方，保持该姿势至能力极限。

（3）总结反馈：游戏结束后，教师宣布坚持时间最长的幼儿获胜。同时，教师应针对幼儿在活动过程中出现的问题进行点评和指导，帮助幼儿提高身体柔韧性和协调性。

小贴士

（1）幼儿的拉伸程度应根据个人身体的柔韧性差异有所不同，不能过度拉伸。

（2）活动时间控制在5分钟左右。

（3）做动作时，双腿保持伸直。

（四）注意事项

（1）确保活动场地平整且没有尖锐物品或危险物品。

（2）教师应密切关注整个活动进程，确保幼儿之间保持安全距离，关注幼儿的参与情况，并在必要时给予指导和帮助，增强幼儿的自信心和执行力。

三、动力回收站——滚动的小球

（一）活动目的

幼儿在进行一系列拉伸体育活动后，需要一段时间来消化吸收，本环节设计了"滚动的小球"的拉伸活动，该环节设计的目的不仅在于促进幼儿巩固学习的动作，还在于让幼儿在趣味的游戏中放松下来，缓解激动的情绪。

（二）活动具体步骤

（1）准备阶段：幼儿两人一组排列成一个"S"形的队伍，铺好彩虹垫，席地而坐。面对面的两人为一个小组，双腿伸直，脚相抵；各小组之间，两人背靠背。

（2）实操阶段：教师从队伍的一端开始传球，每个小组内的幼儿通过坐位体前屈的方式将小球递送给同伴，小组与小组交接的两名幼儿可以通过过肩向后传球的方式传递。到"S"形弯的时候，幼儿可以通过坐位体侧屈的方式传递小球。球传至最后一人时，活动结束。

注意事项

（1）幼儿之间保持适当的间距。

（2）做拉伸动作时，双腿要保持伸直。

（三）总结鼓励

在活动结束时，教师集合所有幼儿进行总结和鼓励，然后仔细回顾本节课中练习的动作要领。教师要强调保持正确发力姿势的重要性，以及和动作配合起来的深呼吸的重要性。此外，教师也需表扬幼儿在活动中所表现出的努力和进步，并鼓励他们将这些动作技能应用于日常活动之中。通过这样的总结，幼儿不仅理解了拉伸技巧的实际应用，而且增加了自信，激发了对未来学习的热情。

四、家庭总动员

家庭总动员的目的是将幼儿园的教学延伸到家庭环境中，增强家庭成员间的互动，巩固和拓展幼儿在幼儿园学到的运动技能和知识。共同参与的家庭活动，不仅可以加深幼儿对立位体侧屈和坐位体侧屈方式的理解，还能在家庭的支持和鼓励下，增强幼儿的自信心和自我效能感。此外，这一部分的设计也意在鼓励家长更加积极地参与到幼儿的日常学习中，共同创建充满爱与学习氛围的家庭环境。基于此，本环节设计了三项家庭活动，鼓励家长与幼儿共同参与，以加强家庭成员间的互动，促进幼儿的综合发展。

1. 动画时间到

家长与幼儿一起观看一部以"瑜伽拉伸与热身活动"为主题的动画片，动画片重点呈现以下情节：

（1）角色通过站位体侧屈进行热身运动（如运动前拉伸）。

（2）角色用坐位体侧屈进行瑜伽运动，可以设置侧屈触碰目标（如让侧屈击掌）。

观看结束后，家长和幼儿进行以下互动。

（1）讨论：站位体侧屈拉伸的是哪几块肌肉？感受到哪里被拉伸了？

（2）鼓励幼儿尝试像摇摆的海草一样自由伸展。

家长引导幼儿通过组合动作（完全蜷缩）进行放松。

2. 绘本小世界

家长与幼儿一起阅读一本以"策略与合作"为主题的绘本，绘本描述以下情节：

（1）角色团队根据不同剪影形状的要求做出相应动作。

（2）角色团队通过"组合"互助完成剪影要求。

阅读过程中，家长可以向幼儿提问：

（1）如果遇到一个人难以完成的影子造型，直接放弃还是选择寻找合作？为什么？

（2）你能再演示一次坐位体侧屈的姿势吗？

家长可以通过对人体模型的操作（用模型展示动作的可能性），帮助幼儿将抽象策略具象化。

3. 一起动一动

（1）站位体侧屈：每组动作持续10秒，共做3组。此活动能增强幼儿的柔韧性。

（2）坐位体侧屈：每组动作持续10秒，共做2组。此活动能增强幼儿的腹斜肌力量，改善躯体稳定性。

4. 中间休息

每项练习之间休息15秒，帮助幼儿恢复体力，避免过度疲劳。

5. 奖励措施

为了提高幼儿参加体育锻炼的积极性，教师可以提议开展一项班级竞赛，通过家长提交的视频或照片证明参与情况，幼儿可以据此获得小红星奖励。通过这些精心设计的活动，幼儿不仅能在幼儿园中得到学习和锻炼，还能在家与家人一起继续实践并享受学习的乐趣，使他们的身心得到全面发展。

五、活动教学评价

（一）幼儿评价

在整个活动过程中，幼儿评价的目的是了解幼儿在各项活动中的表现，评价他们的技能掌握程度和行为态度，并识别他们在未来学习中需要加强的方面。这种评价有助于教师调整教学策略。表 8.2 是对幼儿在本次活动中表现的具体评价。

表 8.2　对幼儿在本次活动中表现的具体评价

幼儿评价	做得好的方面（动作、态度）	还需要努力的方面
立位体侧屈	☆☆☆☆☆	☆☆☆☆☆
坐位体前屈	☆☆☆☆☆	☆☆☆☆☆

（二）教师教学评价与反思

附录 参考赛道

赛道 1

直线障碍爬——曲线走——绳梯跳——走平衡木——投远3米——跑回到终点与第二个小朋友击掌。

从起点出发，进行3米直线障碍爬

从起点线出发，用双手和膝盖快速向前爬行，穿过3米长的直线障碍区（可设置软垫或低矮栏杆）。注意身体贴地，小肚子不要碰到障碍物。

转向5米曲线走

爬过障碍后，前方会出现一条弯弯曲曲的5米彩色路线（可用贴地箭头或锥形筒标记）。像小蛇一样沿着曲线灵活绕行，保持身体平衡，不要踩出线。

冲刺 2 米绳梯跳

完成曲线走，马上来到"魔法楼梯"——2米长的绳梯！双脚并拢像小兔子一样，一格一格地连续向前跳，落地要轻，别踩到绳梯。

挑战 3 米长平衡木

跳过绳梯后，前方有一座"独木桥"（平衡木）。张开双臂像小飞机，眼睛看前方，一步一步稳稳地走过去。如果掉下来，从平衡木起点处重新站上去继续挑战。

投远 3 米目标区

走过平衡木，拿起沙包或软球，站在投掷线后用力向前扔。记得手臂举高，瞄准3米外的距离线（可用绳子或地贴标记），投过线后记得快速离开投掷区哦！

冲刺击掌，传递能量

最后一步！投完沙包立刻转身，像小火箭一样全力跑回终点线，和等待的第二个小朋友高高击掌，把勇气传递给下一位小朋友。

赛道 2

3米障碍爬行——2米爬坡跑——70厘米高跳下——3米走平衡木——踢直线足球5米——跑回到终点与第二个小朋友击掌。

3 米障碍爬行——钻过"丛林隧道"

从起点出发，用双手和膝盖变身"小猎豹"，快速爬过3米长的障碍区（可用拱形软梯或充气隧道）。注意低头收腹，别让"树枝"碰到小脑袋。

2米爬坡跑——征服"勇士山坡"

爬出隧道后，眼前出现一个2米长的斜坡（约15度的软垫坡道）。像小山羊一样一口气冲上去，跑到连接的跳台上。

70厘米高跳下——挑战"勇气悬崖"

站在70厘米高的跳台（安全台阶+软垫）上，像小袋鼠一样勇敢跳下。落地时膝盖弯曲，轻轻蹲稳。

3米走平衡木——穿越"云端小桥"

跳下后往前跑，前方是一条3米长的"彩虹桥"（平衡木）。张开双臂学习小飞机保持平衡，一步一步慢慢走，如果掉下来，从平衡木起点处重新站上去继续挑战。

踢直线足球5米——命中"魔法球门"

冲到足球区，瞄准5米外的目标（线或绳子），像足球小将一样用力一踢！完成后快速向前加速跑。

冲刺击掌——传递胜利能量

最后冲刺跑回终点线，和等待的小伙伴用力击掌，别忘了喊："加油，看你的啦！"

赛道3

3米直线走——10米曲线跑——跳跳箱——50厘米高跳下——瞄准框子投掷（2米）——跑回到终点与第二个小朋友击掌。

3 米直线走——穿越"激光独木桥"

从起点出发,化身"特工小达人",伸直手臂学习小企鹅,脚跟贴脚尖稳稳走过 3 米的直线(地面贴荧光胶带)。

10 米曲线跑——极速"旋风 S 弯"

直线走完后立刻加速,前方有 10 米超长曲线赛道(间隔 1.5 米摆放 6 个标志杆),像小猎豹一样压低身体,绕"S"形冲刺。

跳跳箱——征服"超级能量块"

冲到 20 厘米高的跳箱(或软包台阶)前,蹲下蓄力像弹簧,"嘿哟!"一声跳上箱顶;再从 30 厘米的跳箱上跳到 50 厘米的跳箱上。

50 厘米高跳下——挑战"空中大冒险"

从跳箱顶端(或 50 厘米的安全跳台)一跃而下,落地时膝盖要弯成"弹簧腿"。

瞄准框子投掷(2 米)——解锁"宝藏弹射器"

捡起沙包,站在投掷线后瞄准 2 米外的"魔法篮筐"(悬挂的呼啦圈或画的靶心)。单眼瞄准,像投石子一样"嗖——啪"连投三次,中两个就算通关!

跑回终点击掌——终极接力冲刺

投中后立刻转身,像火箭喷射一样冲刺回起点,和等待的小伙伴用力击掌,喊出胜利口号:"能量传递!下一棒看你的啦!"

赛道 4

3 米铅笔滚——左脚单脚跳绳梯——瞄准框子投掷(2 米)——右脚单脚跳绳梯——

10米绕杆跑——3米走平衡木——跑回到终点与第二个小朋友击掌。

3米铅笔滚——变身"快递小铅笔"

从起点出发，身体绷直像一支"铅笔"，双手紧贴大腿，用腰腹力量左右翻滚3米（地面铺软垫）。

左脚单脚跳绳梯——穿越"魔法火焰格"

翻滚完成后，前方出现"火焰魔法阵"（地面绳梯或画格子）。抬起右脚，只用左脚单脚跳跃，连续跳过5个格子。跳的过程中左脚不能落地，落地后需回到绳梯前重新开始。

瞄准框子投掷——命中"宝石藏宝箱"

冲到投掷区，抓起1颗"魔法宝石"（软球或沙包），瞄准2米外的"宝箱框"（挂网或画圈）。像精灵射手一样瞄准，"唰——咚"投中一颗即可通关。

右脚单脚跳绳梯——破解"寒冰密码格"

投掷成功后，换右脚单脚跳跃。这次用右脚跳过绳梯格子，连续跳过5个格子跳的过程中左脚不能落地，落地后需回到绳梯前重新开始。

10米绕杆跑——闪避"森林迷宫树"

进入10米绕杆区（摆放6根标志杆，间隔1.5米），像小狐狸一样灵活，"S"字形绕杆冲刺！

3米走平衡木——跨越"彩虹独角兽桥"

最后挑战3米平衡木（离地20厘米，两侧铺软垫），张开双臂学小翅膀，脚尖对脚跟慢慢走。如果掉下来，从平衡木起点处重新站上去继续挑战。

跑回终点击掌——魔法能量接力

冲过平衡木后全力跑回起点，和等待的小伙伴用力击掌，大喊："能量传递，下一站交给你！"

参考文献

[1] 罗冬梅，赵星，陈皆播.《学龄前儿童（3～6岁）运动指南》指导手册[M].北京：科学出版社，2021.

[2] 齐默尔.幼儿精神运动学手册：精神运动学发展促进作用的理论及实践[M].蒋丽，唐玉屏，王琳琳，译.南京：南京师范大学出版社，2008.

[3] 佩恩，耿培新，梁国立.人类动作发展概论[M].北京：人民教育出版社，2008.

[4] 李季湄，冯晓霞.《3-6岁儿童学习与发展指南》解读[M].北京：人民教育出版社，2013.

[5] 维尔吉利奥.儿童身体素质提升指导与实践：第2版[M].王雄，译.北京：人民邮电出版社，2017.

[6] 宁科，王庭照，万炳军.身体素养视域下幼儿体育的游戏化推进机制与发展路径[J].北京体育大学学报，2021,44(8):75-88.

[7] 关宏岩，赵星，屈莎，等.学龄前儿童（3～6岁）运动指南[J].中国儿童保健杂志，2020,28（6）：714-720.

[8] 陶小娟，汪晓赞，范庆磊，等.新时代中国幼儿体育发展的现实问题与应对策略[J].体育科学，2021,41(9)：24-34.

[9] 卢伟，游云龙.幼儿深度学习的理论与实践：基于大班幼儿积木游戏[J].教育与教学研究，2019，33(9)：45-56.

[10] 温朋飞，吴劲松.核心素养视域下幼儿运动游戏课程内容的选择与设计[J].广州体育学院学报，2022,42(3)：34-41.

[11] 潘明玲，黄传业，刘莉莎.国际学龄前儿童久坐行为研究热点、前沿与发展趋势[J].中国运动医学杂志，2024,43(3)：226-235.

[12] 罗冬梅，姚天聪，屈莎，等.幼儿体育活动强度自评量表的研制与应用[J].北京体育大学学报，2019，42(04)：139-149.